CW01498859

Harald Hurst

So e Glück!

Harald Hurst

1945 in Buchen geboren,
hat keinen still dahinfließen-
den Lebenslauf zustande
gebracht. Aufgewachsen im
zerbombten Karlsruhe, im
„Dörfle". Von dort stammt
seine Sprache. Als Moses zur
See gefahren. Um einige
Illusionen erleichtert, aber
muskulöser und drastisch
aufgeklärt zurückgekommen.
Manche Lehrer an weiter-
bildenden Schulen zur Verzweiflung gebracht.
Verschiedene Tätigkeiten
zum Broterwerb. Bis 1968
ein kurioses Abitur als
sogenannter Schulfremder
gelingt. Ausgedehntes und
turbulentes Studium der
Romanistik und Anglistik in
Heidelberg und Mannheim.
Nach dem Examen keine
Übernahme in den Schul-
dienst. Seit 1980 freier
Schriftsteller und ab und
zu Journalist.

Preise und Auszeichnungen:

Einige Mundartpreise
Stipendiat der Kunststiftung
Baden-Württemberg

Stipendium des Ministeriums
für Kunst und Wissenschaft
Thaddäus-Troll-Preis

Harald Hurst

So e Glück!

Geschichten und
Gedichte

G. Braun

G. BRAUN BUCHVERLAG

3. Auflage 1999

© 1995 G. Braun GmbH & Co. KG,
Karl-Friedrich-Straße 14–18,
76133 Karlsruhe
Internet: http://www.gbraun.de
e-mail: buchverlag@gbraun.de
Umschlagfoto: Peter Lober
Gestaltung: Robert Dreikluft
Satz: Barbara Herrmann, Freiburg

Die Deutsche Bibliothek – CIP-Einheitsaufnahme

Hurst, Harald:
So e Glück! : Geschichten und Gedichte / Harald Hurst. –
1. Aufl. – Karlsruhe : Braun, 1995
ISBN 3-7650-8161-2

Inhalt

Der mit de Wurscht

Ich laß mi durch die Gasse schiebe. Zwische Glitzerkram-
ständ un Freßbude durch. Wenn i nur e bißl größer wär! In
dem Gedrängel seh ich bloß Klaider, Fraueg'sichter un
Männerhäls. Alle paar Schritt wechsle die Gerüch. Pizza,
Bubespitzle mit Sauerkraut, gebrennte Mandle, Waffle,
Bratwürscht.

Ob i was esse soll? S'isch en Glücksfall, in're Gegend zu
lebe, wo d'Leut sich überlege müsse, ob se Hunger habe.
Wo's sogar sowas gibt wie en „klaine Hunger zwischedurch". Des isch en ganz delikater Vormangelzustand,
den mer in de Dritte Welt überhaupt net kennt.

Vor'm Rathausportal spielt en Bläserchor „Kommet, ihr
Hirten, o kommet doch all". Des wär was, wenn die käme.
Aus de ganze Welt. Die Hirte. Mit ihre Granatwerfer un
Kalaschnikows. Ruck-zuck wäre die Ständ leerg'fresse.
Un mir? Ich derf net dra denke. Zum Glück könne die de
Flug net zahle un bringe sich vor lauter Elend selber um.

Zehn Meter voraus seh ich des Schild vom Pfälzer Glühweinstand. Ich muß mi rechtzeitig uff die anner Seit durch-
schaffe, sonscht schiebe se mich vorbei. Mit Höflichkait isch
do nix zu mache. Rippestöß von hinne. De Gegeverkehr
kaut un schimpft. Ich laß mi net abdränge. „Idiot!" En Rie-
sekerl guckt mit böse Auge zu mir her. An seiner Unnerlipp
hängt e halbe Scheib Salami. In de Hand hat er nur noch e
leere Serviett. Grad wollt er zubeiße. Gott sei Dank schiebe
sich immer mehr Leut zwische uns. Sie stampfe über sei
Pizzastück. Sein Kopf treibt fort. Hoffentlich dreht der kai
Runde un kommt z'rück.

Ich hab's g'schafft. An meiner Jack isch'n Knopf abg'risse. Ich schnipp en Sardellefetze vom Ärmel. Aber ich steh unner'm Vordach vom Glühweinstand wie in'me ruhige Kehrwasser. Außerum die Menschebrandung. Mei Geld wandert über hilfreiche Händ nach vorne, en dampfender Becher schaukelt zwische Daume un Mittelfinger zu mir z'rück. Prima Stimmung an de Thek. De Glühwein macht locker. S'geht zu wie in're Besewirtschaft ohne Wänd. Ich stell mir vor, wie sich en Riese über den Weihnachtsmarkt beugt, d'Händ uff d'Knie g'stützt un des Gewimmel zwische seine Schuh studiert. Genau so wie mir manchmol en Amaisehaufe am Wegrand betrachte. Eine Rennerei, ein umtriebiges Hin un Her mit Gepäck. Dauernd were Sache von Punkt A nach Punkt B g'schleppt. An manche Plätz balle sich die Amaise zu regelrechte Klumpe, bevor se widder in alle Richtunge fortspringe. S'wär net leicht, in dem Betrieb e Ordnung zu erkenne. Mit scharfe Auge könnt so'n Riese seh, daß die Kauwerkzeuge ständig in Bewegung sin. S'wird neig'stopft, neig'leert, abg'wischt, rausg'spuckt, g'schwätzt, g'lacht un rausg'raucht. Der fremde Beobachter hätt wahrscheinlich de Ei'druck von're schaffige, g'fräßige un g'sellige Insektesort. Ob er mit dene zwai nebe mir was a'fange könnt? Mit dene verliebte Jungamaise?

E Knutscherei un e Geschnäbel. Jedesmol, wenn ich rüberguck, fahrt's mer so e bißl in de Mage. Net schlimm. Nur en kurze, giftige Stich. Vielleicht fehlt mir doch was im Lebe. Seit drei Johr bin ich solo. Single, wie mer des heut nennt. Nach de Sieglinde hab ich mir nix Schöneres vorstelle könne, als mei Ruh zu habe. Die Vorstellung hat mir zeitweis jeden Orgasmus ersetzt. Des klingt übertriebe, ich waiß. Aber um des zu verstehe, müßt mer halt d'Sieglinde kenne. Mittlerweil hat se widder jemand. S'ging ihr gut, hab i g'hört. Des freut mich. Wie's mei'm Nachfolger geht, stell ich mir lieber net vor. Ich wünsch ihm viel Glück. Er wird's brauche könne. Domols hab ich mir jedenfalls g'schwore: Dir kommt kai Frau meh ins Haus!

Inzwische däd i gern ab un zu mol e Ausnahm mache. Nur stundeweis am Wocheend. Nachts. Oder über d'Weihnachtsfeierdäg. Vom Hailige Obend nach de Bescherung bis zum Morge vom zwaite Feierdag. Dann hätt i widder gern mei Ruh. Ich bin immer notgedrungener Single aus Überzeugung. Mit fünfezwanzig wär des Singlelebe luschtiger g'wese. Aber do war i z'blöd. Domols hätt i jede habe könne. Beinah jede. Jedenfalls viele. Un was war? Ich hab widder nur aine g'habt. So e große Liebe, die immer klainer wore isch. Des dauert sei Zeit. Jetzt bin i doppelt so alt. Ich kann noch so forsch in de Spiegel lächle, s'isch nimme des. Immer mehr muß ich mich uff die sogenannte innere Werte z'rückziehe. Des isch en bitterer Rückzug. Ich spendier mir noch'n Glühwein.

Mei Freihait isch mir immer wichtig g'wese. Zwische viele Möglichkaite wähle könne. Nur, was nützt die Freihait, wenn mer zunehmend zwische Möglichkaite wähle kann, die mer nimme hat? Mer sieht aifach nimme so aus, daß mer jemand kriegt, der besser aussieht. Aus de Not macht mer halt e Tugend. Wählerischer sei mer wore. Anspruchsvoller, was die innere Werte a'geht, sagt mer sich schlau. Mer wollt nimme jede, bloß weil se ai'm g'fallt. Schönhait isch vergänglich, aber en guter Charakter bleibt. Der wird mit de Zeit eventuell noch besser. Wie bei'me Wein, der was taugt. D'Flasch wird staubig, de Korke verschimmelt, aber de Inhalt veredelt sich. Des glaubt mer so gern, daß mer sich's net lang ei'rede muß.

Dene zwai nebedra sin die innere Werte egal. Früher war's bei mir genauso. Un heut? Plötzlich isch's ganz wichtig, daß e Frau e schöne Seel hat. Die Lebensg'fährtin soll vor allem treu sei. Treu wie Gold. Weil ai'm des Treusei selber nimme so schwer fallt wie früher. Ehrlich, zuverlässig, verträglich, womöglich sogar ausg'sproche friedliebend soll se sei. Des isch kai Wunder, nach allem, was hinner ai'm liegt. Fleiß un Sparsamkait wäre willkommene Eigenschafte, solang se net ins Schwäbische entarte. Halbwegs intelligent un e bißl gebildet müßt so e Frau sei. Daß mer sich net blamiert, sich unnerhalte kann. S'geht net um die a'glernte Bildung, sondern um die Herzensbildung. Die langt. Bloß nix Verkopftes. Mir isch's nimme nach feministische Grundsatzdiskussione. Ich sehn mich nach schöne, harmonische G'spräche bei'me Glas Wein.

Die zwai komme mit wenig Wörter aus. Zwische Glühweinschlückle gucke se sich wie hypnotisiert in d'Auge un hauche abwechselnd: „Du, ach du." Ich kann's bald nimme höre. Er hat e Hand in d'Gsäßtasch von ihre Jeans g'schobe, knetet vorfreudig. Sie hat's gern, das sieht mer. Sie streckt ihm de Po direkt entgege. Ich schiel rüber. Jesses, des Ärschle. Des G'fühl in meiner Hand wär mir jetzt lieber als s'schönschte G'spräch. Ich finger an mei'm Becher rum. Weggucke! Des kennt mer doch. Des hat mer Gott sei Dank a mol g'habt. So hat's immer a'gfange.

Die innere Werte sin wichtig. Aber net nur. So alt bin ich noch net, daß i nur e Lebenskameradin such. Des kommt vielleicht später. Erotik un sexuelle A'ziehung g'höre scho noch dezu. S'muß was funke. Aber net so, daß mer nur noch im Viereck rumspringt un sei Sach nimme g'schafft kriegt. Früher wär des recht g'wese. Heut bin i im G'schäft so g'fordert, daß i nach Feierobend net immer zu Kisseschlachte uffg'legt bin. S'muß zu verkrafte sei. Von mir aus dürft e Frau in dem Punkt ruhig temperamentvoll sei. Ab un zu. Wenn sich's grad a'bietet. E mildes, regelmäßiges Sexuallebe, des wär's. Mit einer Frau, die a mol verzichte kann, wenn's grad net geht. Sie sollt maximal zehn Johr jünger sei als ich, net mehr. Um die Vierzig. Komisch, e Frau in mei'm Alter wär mer widder z'alt. Spontan könnt se sei. Warum net? Lebhaft. Wenn's im Rahme bleibt. Nur net heut so, morge so. Laune kann i net vertrage. Do hab i e ganz feine Antenn. Sobald ich merk, daß e Frau launisch isch, blinkt in mei'm Kopf e Schrift aus rote Alarmlämple: Sieglinde. Sieglinde …

Sex isch für'n Single heut kai Problem mehr. Mir lebe in're so freizügige G'sellschaft, daß jeder Durchschnittsverdiener schnell, unverbindlich un sogar relativ preiswert sei diesbezügliche Notdurft verrichte kann. S'hat massehaft Massagesalons mit gezielter Entspannung zum zügige Streßabbau. In jedem Käsblättle stehe seiteweis Telefonnummere von Firme mit weiblichem Personal, dem's gege Aufpreis vor kai'm Männerwunsch graut. Do muß de Masochischt oder de verkappte Analerotiker nimme mit'me rote Kopf vor de aigene Frau rumdruckse, vor der er sich schämt, weil er se zwanzig Johr lang kennt. In manche Zeitschrifte wär's direkt pervers, wenn jemand per Annonce e Frau zwecks späterer Heirat suche wollt. Wer mitte in de Nacht vom Trieb überwältigt wird un nimme aus'm Haus will, kann aifach im Fernseh e Nummer wähle un sich sexuelle Linderung verschaffe. Für e Mark fuffzehn pro Minut kann sich so'n einsamer Bedürftiger von're Frauestimm so lang in Erregung schwätze lasse, bis des G'spräch schlagartig gegestandslos wird. Er schmeißt befreit de Hörer druff, laßt abbuche un hat für d'Nacht Ruh. Wenn mer sich e bißl beeilt, isch des e billiges Vergnüge. E Zeitlang war ich Mitglied in'me Single-Club. Nach sonndägliche Wanderunge, Grillparties un gemainsame Besuche von kulturelle Veranstaltunge isch's dort a ziemlich krampflösend zug'ange. Aber uff die Dauer war mir des zu umständlich.

De Manfred, en gut abg'lagerter Jungg'sell aus'm Bekanntekrais, fliegt jedes Johr für drei Woche nach Bangkok un lebt sich dort aus. Bis zum Umfalle, sagt er. Von de Erinnerung zehrt er s'ganze Johr über, bis d'Vorfreud widder losgeht. Un wenn's ihn zwischedurch ganz arg packt, weil mer bei der Sach halt net uff Vorrat schaffe kann, sowenig wie mer heut scho für morge voresse kann, dann legt er e Woch Cuba ei. Oder fliegt g'schwind in e annere exotische Gegend mit weite Palmesteränd un'me deutliche Armutsgefälle, wo de deutsche Urlauber ohne Frau gern g'seh isch. Als höherer Beamter bei de Meldebehörde verdient er net schlecht. Un zu versorge hat er a niemand. Was soll er denn mit dem Geld mache?

Nach e paar herbe Enttäuschunge mit de einhaimische Frauewelt wohnt er widder im elterliche Haus bei seiner siebzigjährige Mutter. Die kocht für ihn seine Lieblingsgerichte von früher un macht ihm d'Wäsch schrankfertig. Der Manfred muß sich um nix kümmere. Die will net wisse, wo er war, wenn er um drei nachts im Schlüsselloch rumstochert un nach Bier stinkt. Statt e Szene zu mache, wie e normale Frau, bringt se Aspirin un legt'm en nasse Lappe uff d'Stirn. Sie päppelt ihn klaglos, nur mit'me stumme Vorwurf im Blick, widder hoch. Welche Frau däd des mache? Er gibt ihr e paar Mark Miete. Als Anerkennung. Sie will's garnet nemme. Die isch froh, daß se ihren Sohn bei sich hat, nachdem de Mann g'storbe isch. So g'seh, könnt's de Manfred wirklich net besser habe. Nur für sei G'schlechtslebe kann die Mutter net sorge. Aber vielleicht hat er recht. Soll er sich wege der Bumserei, wie er immer sagt, extra e aigene Frau zulege, mit der er s'ganze Johr bloß de Zirkus un die laufende Ausgabe hat? Immer will er mich überrede, mol nach Bangkok mitzufliege. Aber s'isch irgendwie net mei Sach. Ich bin halt mehr vom alte Schlag. Vielleicht bin ich a e bißl verklemmt. Ich will mich verliebe. De Manfred tippt sich bei der Ei'stellung an d'Stirn. Bloß, weil er ab un zu e Glas Milch trinke will, kauft er sich doch kai Kuh, sagt er.

Ich schon. Ich will langsam un schwierig an die Milch komme. Sonscht schmeckt se mir net, um bei dem Vergleich zu bleibe. Manchmol isch er scho en Kotzbrocke, de Manfred. Als Frau wollt ich nix mit'm zu schaffe habe. Es sei denn, gege Vorauszahlung in bar.

Jetzt übertreibe se's aber mit de Schmuserei, die zwai nebe mir. Des könnte se dehaim im Schlofzimmer mache. Solang könnte se warte. Ihre Händ schlupfe unner sein Pullover un mache dort rum. Ich guck weg un seh alles. Ich denk an d'Sieglinde. Des helft immer noch. Ich hab plötzlich en u'bändige Appetit uff e Bratwurscht. Später geh i vielleicht ins Kino. Lächerliche Ersatzhandlunge? Möglicherweis. Hauptsach, es funktioniert. De Manfred kann des net. Der braucht immer genau des, was ihm fehlt. Deshalb muß er nach Bangkok fliege.

Ich stell mich in die Schlang vor Göpfrichs Wurschtbude. S'geht schnell. Ich bin dra. „Bratwurscht mit Weck." Normal isch's wie verhext. Es könne dreißig Würscht uff'm Grill liege, ich krieg garantiert die klainschte, uffgeplatzt un verbrutzelt. Heut hab i Glück. Die Zang stochert zwische de Würscht, dreht se flink un greift für mich e pralles, dickes Prachtexemplar, goldbraun, fettglänzend un gut zwanzig Zentimeter lang. „Mit Senf?" – „Ja, bitte. Extra viel, wenn's geht." Mit'm Handballe haut die Frau dreimol uff'n schwarze Knopf. Mit so'me unappetitliche Pfludere setzt se zwai große Senfhäufe an de Kartonrand, dann spritzt se mir die Wurscht gelb zu. „Isch des genug?" Ihr Stimm hat en boshafte Unnerton. Ich nick nur un zahl. De Weck steck i mit de Serviett in d'Kitteltasch.

En Platz zum Abstelle suche, in de linke Hand d'Eikaufstüt, d'Aktetasch unner de rechte Arm geklemmt, vorne de Wurschtkarton. Beim Göpfrich stehe d'Leut in Doppelraihe um jede Tischfläche. Ich komm nirgends dezwische. Do rutscht mir die Aktetasch weg. Ich kann se grad noch mit'm Elleboge gege d'Hüfte drücke. Debei hat die Wurscht en Hopser g'macht, hängt g'fährlich über de Rand. Ich bleib

13

en Moment krumm steh un beweg mi net, de Daume uff de Wurscht. Es tut weh. Sie isch noch haiß. Ich überleg schnell, ob ich die Tasch aifach falle lasse soll. Dann seh ich de Abfallaimer in de Näh. Der Deckel isch die ainzige freie Ablag. Schräg, bucklich, wie verwachse, schlepp ich mich vorwärts. De rechte Fuß muß ich hinnerher ziehe, weil ich die Tasch an die unnere Rippe drücke muß un deshalb nimme hochkomm. Links muß ich die schwere Tüt vom Bode weghalte. Es sin Flasche drin. „Guck! Guck doch mol!", hör ich jemand halblaut rufe. „Wie de Quasimodo." Gelächter an'me Tisch. Blöd lache, des könne se, d'Leut. Aber helfe? Ai'm was abnemme? Do rührt sich kain Mensch. Klar. Dann gäb's jo nix meh z'lache.

Kain schöner Eßplatz uff de Mülltonn. An Ludwigs Gourmet-Stand gegenüber wär reichlich Platz. An Stehtisch mit weißem Wachstuch gabelt d'Schickeria in vitaminreiche Salätle mit Shrimps un nippt an 0,2er Gläsle mit Weißwein. In bequemer Ellebogefreihait, die se garnet brauche, weil se so vornehm esse. Des sin Leichtgenießer mit Lebensart, kaine Sattfresser un Humpestemmer wie beim Göpfrich. So e junges Bürschle, als Humphrey Bogart verklaidet, de Mantel offe, de Krage hochg'stellt un de Hut im G'nick, schwätzt laut un wichtig in sein Handy. Wahrscheinlich e vorgezogenes Weihnachtsg'schenk. Er wird's nimme ausg'halte habe, bis er de Leut was vortelefoniere kann, der Lackaff.

Grad will i in mei Wurscht beiße, do bleibt mir de Mund offe. Was für eine Frau! Eher e weibliche Erscheinung! Beim Ludwigs drübe. Ganz allai am Tisch. Ihre lange schwarze Haar glänze im Neonlicht von de Warsteiner-Reklame. Sie eßt net, sie speist. Nur ihr Nasespitz bewegt sich leicht beim Kaue von gegrillte Gambas. Wie se dene Krebs de Kopf abdreht, de Schwanz wegzieht. Wie se des winzige Stück weißes Flaisch aus'm Panzer schält un genüßlich langsam zwische die volle, rote Lippe schiebt. Schon des Zugucke, wie die Frau sich ernährt, isch e sinnliches Vergnüge. Sie badet ihre Fingerspitze in Zitronewasser, trinkt en Schluck Champagner un straift mit'me kurze Blick Göpfrichs Wurschtbude. Die Auge! Ich leg schnell mei Bratwurscht weg, aus Versehe nebe de Karton, un klapp de Mund zu. Sicher bin ich mir net, aber ich main, sie hätt mich g'seh un sogar debei g'lächelt. Jetzt guckt se widder halb in die annere Richtung.

S'gibt viele schöne Fraue in de Stadt. Manche sin so schön, daß mer mit'm A'gucke un Staune zufriede isch. Als Durchschnittsmann könnt mer sich die dehaim in de Wohnung überhaupt net vorstelle. Aber die dort drübe hat was ganz Besonderes. Ich waiß net was. S'wird des gewisse Etwas sei. Bei ihrem A'blick wird mir plötzlich klar, was ich vermiß. Die innere Werte sin des net. Sogar mein Sieglinde-Zauberspruch gege Ruhestörung versagt. Jäh entschlosse pack ich mei Tasch un d'Tüt mit de linke Hand, daß sich die Bratwurscht ruhiger halte laßt. Ich geh rüber zum Ludwigs. Stell mich frechweg nebe die tolle Frau. Wer bin ich denn, daß ich uff'm Göpfrich sei'm Dreckaimerdeckel esse soll? En Penner? Vielleicht g'hört die Frau zu dene Möglichkaite, die ich nimme hab. En Versuch isch's wert. Ich hab nix zu verliere, was i net gern los wär. Im Moment kommt's mir jedenfalls so vor. Wenn's nix wird, steh ich wenigschtens näher an der erotische Strahlungsquell un genieß e ganz anneres Lebensg'fühl. Sogar e Gläsle Champagner könnt ich mir hole. Zu de Bratwurscht paßt's halt net.

Ich hab immer Probleme g'habt, Fraue a'zuspreche. De erschte Satz fallt mer schwer, weil er originell sei soll. Bis mir sowas ei'fallt, sin die Fraue maischtens weg. Sie hat ihr teure Lederhandtasch offe am Bode steh. Ich könnt en Satz sage, wie: Des däd ich an Ihrer Stell aber net mache. Uff'm Weihnachtsmarkt wird soviel – sag ich jetzt geklaut, g'stohle oder entwendet? Des klingt net b'sonders originell, aber freundlich un besorgt. Des schafft Vertraue. Un ich kann weiterverzähle, was mir uff die Art schon alles weg'komme isch. En guter G'sprächsanfang.

Ich komm mit mei'm Gepäck schräg von hinne. Sie guckt zum Kinnerkarussell. Ebe isch e Kind vom Holzschimmel g'falle un schreit, daß mer maine könnt, sein Kopf wär verplatzt. Grad will ich mit der höfliche Frog, ob's erlaubt isch, mei Kartönle nebe ihren Porzellanteller uff de Tisch schiebe. Do passiert's. En Zentimeter vor de Tischkant knickt mir der Pappedeckl zwische Daume un Zaigefinger ab. Die Wurscht rutscht durch de Senf un isch weg. In ihrer Handtasch verschwunde. Genau durch de Schlitz g'falle, ohne de Rand zu berühre. S'isch wie e schwieriges, langg'übtes Kunschtstück. Irgendwie bin ich selber verblüfft, daß sowas klappe kann.

Ratlos un verwirrt steh ich mit dem leere Wurschtkarton in de Hand zwische dene Tisch vom Ludwigs. En Schritt vor, drehe uff de Stell, widder zwai Schritt z'rück. Jeder Fuß will in e annere Richtung. Was sage? Entschuldigung, mir isch mei Wurscht in Ihre Handtasch g'falle, zum Beispiel? Im Profil seh ich ihr Nasespitz en Gamba mitkaue. Ich riech ihr Parfüm. Die hat nix g'merkt. Sie guckt gradaus über de Platz, hat mich garnet zur Kenntnis g'nomme. Mit'me schnelle Rundblick überprüf ich die G'sichter von de annere Gäscht. Niemand hat mein Wurscht-Trick g'seh. Alle G'sichter sin zum Karussell gedreht.

E gute G'legenhait, mich langsam zu entferne. Rückwärts, daß ich die Szene noch e Weil im Aug b'halte kann. Net, daß mich jemand grad ebe noch, vor zehn Sekunde, mit der Bratwurscht komme g'seh hat un mich jetzt ohne gehe sieht. So schnell verdrückt kainer sei Wurscht. Ich seh kaine verwunderte Miene. Ich dreh mich um, schwenk in de Passantestrom ei. Unauffällig misch ich mich unner d'Leut un treib fort in d'Anonymität. Erscht im Schlendergang, dann mit immer größere Schritt vom Tatort weg. Ich dräng mich von hinne durch aus'm Weihnachtsmarkt.

An de Straßebahnhaltestell merk ich, daß ich den Karton noch in de Hand hab. Der muß weg. Erscht dann hab ich mit der Sach nix meh zu schaffe. Kaum noch Senfspure. Die schwere Wurscht hat alles wegg'wischt. Jesses, muß die Tasch inne ausseh! Vielleicht gut, daß i nix g'sagt hab. Mei Bahn kommt. Ich bieg den Pappedeckl in de Mitte z'samme un steck'n zwische d'Latte von de Wartebank. Des Beweisstück wär vernichtet.

In de Straßebahn geht mir die Frau mit meiner Wurscht in ihrer Tasch nimme aus'm Kopf. Ich könnt grad d'Notbrems ziehe un z'rückrenne. Zu spät. S'wär die Chance g'wese. Sowas spürt mer.

Aber morge! Morge um die gleiche Zeit bin ich dort. Vielleicht kommt se widder. Hoffentlich. Ich laß mir jedenfalls vom Blume-Reuther en schöne Strauß binde. Weiße Rose. G'schmackvoll un dezent. Ich eß Gambas, trink Champagner un wart. Des isch e Lebensg'fühl. Endlich mol widder verliebt. E Verabredung habe. Ich bin ganz zapplich, wenn i an morge denk.

Ich überreich ihr meine Blume, lächl hilflos charmant. Des kann ich. „Ich bin der von geschtern", sag ich. Un wenn se's net glei kapiert, dann zwinker ich mit'm rechte Aug. Ung'fähr so wie jetzt. Un sag en Ton leiser: „Der mit de Wurscht."

S'Geflügelviertel

Adlerstraß
Entegaß
Fasanestraß

Kind g'wese
in dem Viertel

dort wird d'Miete
mit'm Revolver kassiert
habe d' bessere Leut g'sagt

aber kai Sorg

e schwüle Nacht
un des Geld
von de bessere Leut
war widder drin

Wie geht's?

Ich wollt net unfreundlich wirke, aber doch zügig vorbeigeh. Ich hab mit 'me leichte Kopfnicke automatisch zu ihm
rüberg'lächelt, d'Hand zu'me flüchtige Gruß g'hobe un
gedankelos über d'Straß g'rufe: „Wie geht's?" So wie mer
des halt samstagmorgens beim Ei'kaufe so macht. In dem
Städtle, wo mer laufend die selbe Leut trefft, die mer jahre-
lang grad so gut kennt, daß mer se net übersehe kann,
aber a net wüßt, was mer groß mit'ne zu schwätze hätt.
Des isch so e Art Höflichkeitsritual, daß mer sei Sach
g'schafft kriegt un sich net verzettelt. Sonscht wär mer
wege drei Lauchstengel un'me Fladebrot vom Türkelädle
e Stund unnerwegs, was ab un zu trotzdem vorkommt.
Wenn mer manche Leut zufällig net trefft, isch mer ausnahmsweis früher dehaim.

Nach de Regle hätt der schon garnet stehebleibe dürfe.
Er hätt nur de Hut kurz lüpfe müsse. „Danke, gut. Un
selber?" Dann hätt ich meinerseits wahrscheinlich g'ant-
wortet: „Kann net klage. Bin soweit zufriede." Er hätt sein
Hut widder uffg'setzt un beim Weitergehe z'rückg'rufe:
„Schön's Wocheend!" Un von mir wär komme: „Danke.
Ihne a!" Vielleicht hätte mer noch gleichzeitig g'rufe: „En
Gruß dehaim!", aber damit wär der Fall erledigt g'wese.
Wie g'sagt, wenn's normal abg'laufe wär.

Ich hab net ahne könne, daß der geglaubt hat, ich wollt
tatsächlich wisse, wie's ihm geht. Bloß wege dem „Wie
geht's?" Des muß der mit're Frag verwechselt habe. Kommt
mir der Mann über d'Straß. Schiebt de Hut ins G'nick,
statt'n zu lüpfe. Ich seh, daß er schwankt. Wie er vor mir

19

steht, steigt mer sei Weinfahn in d'Nas. „Beschisse", sagt er.
So hat's a'gfange. S'war en klarer Regelverstoß.

Des war gege zwölf. Ich hätt noch e bissl was ei'zukaufe
g'habt, net viel, nur e paar Grundnahrungsmittel. S'Wichtigschte hab ich Gott sei Dank. Inzwische sin d' Läde zu. Mir
sitze beim dritte Glas Retsina unner'm Sonneschirm vor'm
Sorbas un sin immer noch bei de Vorg'schicht zu sei'm
Problem. In meiner Tüt am Tischfuß taut s'Hähnle, un
s'Walnußeis müßt aus de Sonn. Mir kriege heut Obend
Besuch zum Esse. De Kellner packt mir meine Sache in de
Kühlschrank. Ich derf se nachher nur net vergesse.

Er kann packend erzähle. Wenn er sich besonders erregt,
was öfter passiert, kriegt er e feuchte Aussprach. Dann
kommt er mir mit'm G'sicht so nah, daß sich unsere Nasespitze beinah berühre un zischt, weil's net jeder mitkriege
soll. Die Spuckerei macht mer zu schaffe. Jedesmol zuck ich
unwillkürlich z'rück. Aber sage möcht i nix. S'wär mer
peinlich. Ich wisch nur besonders auffällig. Er merkt nix
un zieht mi widder zu sich her. Un immer, wenn ich endgültig geh will, packt er mich am Arm un sagt: „Einen
Moment noch. Des isch noch net alles. De Hammer kommt
erscht noch!" Bei der Schilderung, wie er sei Frau mit ihrem
Therapeut, dem Jesusverschnitt, im Bett verwischt hat, weil
er, von Ahnunge getriebe, ausnahmsweis mol früher vom
G'schäft komme sei, krieg ich ordentlich was ab. Er trefft
mich genau ins Aug. Ich muß mit'm Ärmel wische, bis i die
Leut an de Nebetisch widder seh kann. Die gucke mich
mehr amüsiert als mitlaidig a. Mir habe en ziemliche Unnerhaltungswert. Alle horche, wie er mir 's Du anbiet. Mir
proste uns zu. „Ich haiß Günther", sagt er. Er wüßt selber
net, warum er mir, den er doch garnet so gut kennt, so
persönliche Sache anvertraue däd. Er reißt sei Krawatt vollends vom Hals un steckt se in d'Tasch. Heut nacht seie ihm
d'Nerve durchg'ange. Er hätt seiner Frau zum erschte Mol –

er fegt kräftig mit de Hand durch d'Luft. S'ganze Lokal guckt mißbilligend. Er flennt beinah. Jetzt sei se fort, sei Frau. Verständnisvolles Nicke im Lokal für die Frau. Mir tut er laid, wie er jetzt so verzweifelt dositzt. Aber ich müßt dringend dehaim a'rufe. Wenigschtens sage, wo ich bin.

Ich müßt g'schwind austrete, sag ich un geh ins Lokal. Der Wirt drückt mer e schnurloses Telefon in d'Hand. „Keine Problem. Nur rote Knopf drücken. Problem kommt vielleicht später", lacht er. Unnerwegs zur Toilett probier ich 77797 zu wähle. Ich drück zuviele Siebener, weil i nervös bin. Außerdem bin ich von de Sonn drauße noch halb blind. Im Klo klappt's. Ich starr uff die weiße Kachle un horch uff de Ton. Beim Pinkle kommt endlich d'Verbindung.

„Graf. Bitte?" Die Stimm klingt u'gfähr so, wie die Kachle aussehe. Kühl un hart. Ich hol Luft. Es muß fröhlich un unbedarft klinge. Als ob überhaupt nix wär. „Ja Servus, Schatz ...", leg ich los. Weiter komm i net. „Sag mol, wo steck'sch denn?" – „Ich? Nirgends. Wieso?" – „Ha'sch du in de letschte Zeit mol uff d'Uhr geguckt?" Ich schiel runner uff mei Uhr. „S'isch kurz vor halb drei. Warum?" – „Warum? Weil ich seit zwai Stunde wart!" Unheilvolle Stille im Hörer. Plötzlich rauscht un gurgelt in sämtliche Becke des Spülwasser los. „Von wo telefonier'sch denn du? S'klingt wie aus're Badwann! Bi'sch im Hallebad?" – „Ach was! Ich steh mit'm Telefon in de Toilett vom Sorbas. S'isch so e schlauchloses. So e schnurloses. Ich hab de Günther getroffe. „Welchen Günther?" – „De Herr Dietz von de Volksbank. Den kenn'sch a. Flüchtig. Der hat Probleme mit sein're Frau. Stell dir vor, die ..." – „Des int'ressiert mich net. Ha'sch ei'gekauft?" – „Klar. Beinah ziemlich alles. Sogar des Sambaöl." – „Sambal Ölek main'sch." – „Genau. S'war net leicht. Im Kossolabis ... Kolossabis ... im Kolossa hab ich's gekriegt." – „Sag mol, ha'sch du was getrunke?" – „Warum?" – „Weil du schneller schwätze will'sch als d'kann'sch. Des hör ich doch." – „E Viertel Retsina un e großes Sprudel." „Wahrscheinlich. S'klingt, als sei's grad umgekehrt. Jetzt zahl un komm. Mir rede dehaim."

Ich hab an de Thek für den Günther mitbezahlt. Um wenigschtens ihm gegenüber mei schlecht's G'wisse zu beruhige. Ich wollt ihm sogar noch'n Retsina spendiere un rausbringe lasse. Mit'me Gruß von mir. Aber de Stelios, de Kellner, hat bedauert. „Tut mir leid. Kann nix mehr geben. Haben die Restaurant geschlossen bis zum sechs in die Abend." Durch d'Küch hat er mich zum Lieferanteei'gang rausg'lasse. „Kalispera." – „Tschüs."

Vor de Haustür isch mer ei'gfalle, daß i mei Tüt vergesse hab. Im Kühlschrank vom Sorbas. Ich bin sofort z'rück-g'rennt. S'war schon zu. Bloß dem Günther sein Hut isch uff'me Stuhl g'lege. Ich hab'n uffg'setzt un mich in de Scheib vom Speisezettelkaschte betrachtet. Er hat mir ge-paßt als wär's meiner. Ich hab'n schräg in d'Stirn g'schobe un bin haimwärts g'ange. Ganz locker. Ich hab sogar ge-pfiffe.

Falls Sie mir morge begegne, überlege Se sich gut, ob Se über d'Gaß rufe: „Wie geht's?" Sie müßte scho e bißl Zeit mitbringe.

S'Chinesefondue

En großer Freundeskrais isch was Schönes. Aber die runde Geburtsdäg zur Zeit mache mich fertig. Mir habe kaum noch e Wocheend frei. Un uff dene Computerei'ladunge, wo se ihr ganzes Grafikprogramm ausprobiere, steht immer in beschwingter Schreibschrift mit'me dicke Ausrufezaiche „Bringt gute Laune mit!" Des schlaucht.

Die G'schenkleskauferei! Des muß ich mache, weil ich so flexible Arbeitszeite hab, daß se kai Roll spiele. Ich kann net sage, ich müßt ausg'rechnt dann schaffe, wenn's was zu erledige gibt. Immer haißt's: Des hätt'sch geschtern mache könne. Des hat morge a noch Zeit. Jetzt muß es net grad sei.

„Geh halt mol in d'Stadt un guck. Wir'sch scho was seh!", sagt d'Gabriele in solche Fäll, bevor se ins G'schäft geht. Un ich zieh los, um für Leut, die alles habe, was zu suche. Originell soll's a noch sei. Bis rund sechzig Mark kann i ausgebe, es derf aber ruhig e bißle teurer aussehe. Mit de Blume sin mer dann bei achtzig Mark. Des isch d'Obergrenz bei de runde Geburtsdäg. Des isch e Menge Geld. Aber des bräuchte mer a, wenn mer im Lokal g'scheit esse ginge, sage mer uns. Natürlich isch des e Milchmädlerechnung. Mir ginge jo net jedesmol esse, wenn mer net ei'glade wäre.

Bei dene Feschte wird heut schon was gebote. Des isch nimme wie früher, wo mer seine Gäscht bei Frikadelle, Kartoffelsalat un Flaschebier sich selber überlasse hat. Wo die Gäscht mit ihre selberg'machte Nudelsalätle in de Tupperschüssel, mit Schlofsäck un verstimmte Klampfe bei'komme sin. Von wege Partyservice un Kulturprogramm.

Die heutige kalte Buffets hätt mer domols vor Staune garnet a'grührt, nur laufend zur Erinnerung geknipst. Im gehobenere Freundeskreis trete Operntenör, A Capella Chör un Zigeunerkapelle uff. Barsextette im Smoking dudle zum Tanz. Für d'Kinner gibt's en Zauberclown, daß die sich ohne ihre Computergames net aus Langweil mit Karateschläg spielerisch verletze.

Die bodeständigere Freundessort engagiert Alleinunnerhalter. So Stimmungskanone an elektronische Wunderorgle, die weiterspiele, wenn sich die Kerle d'Nas putze oder e Zigarett a'zünde. Un gege Mitternacht wär mer beinah e bißl enttäuscht, wenn kai Bauchtänzerin käm.

En Onkel von mir hat wege so're Darbietung an sei'm siebzigschte Geburtsdag mit'm Notarztwage ins Krankehaus müsse. Gott sei Dank hat er's überlebt, de Onkel Karl. Die Tänzerin, eine Yasmin Nägele aus de Pforzhaimer Gegend, hat ihre runde Hüfte beim Belly Roll ganz nah vor sei'm G'sicht kraise lasse. Es hat ausg'seh, als wollt se sich am Onkel entlang von de Auge abwärts mit'm Po uff seine Knie schlängle. Sie hätt halt dem Geburtstagskind e spezielle Freud mache wolle, hat se sich später entschuldigt. De Onkel Karl hat sich zu arg g'freut.

Er hat d'Auge uffg'risse, hat an de Silberkrawatt gezerrt un wollt sich vom Stuhl hochstemme. En Moment habe mir geglaubt, er wollt mitmache un tanze, die Überraschung sei geglückt. Des wär bei ihm, der in sei'm Lebe selte getanzt und immer schwer g'schafft hat, e Sensation g'wese. Alle habe im Rhythmus mitgeklatscht, nur die alte Tante sin steckesteif rumg'sesse un habe bös geguckt. Die gucke immer bös, wenn's luschtig wird. Plötzlich klappt uns de Onkel Karl käsweis z'amme. Jemand schaltet die Saalbeleuchtung ei. Die orientalische Musik reißt ab. Alles rennt durchenanner. Die Tänzerin hat ihren Glitzer-BH hochgezupft un d'Händ vor de Mund g'schlage. Drauße an de Thek hat se unner Träne ihr Honorar entgege'gnomme. Sowas sei ihr in dere Woch mit so'me Jubilar scho mol passiert. Sie däd sich überlege, ob se bei ältere Leut überhaupt noch was macht. In de Familie hat's en Riesekrach gebe. Besonders die Tante wollte wisse, wer die Schnapsidee mit dere ordinäre un unpassende Tanzerei g'habt hätt. De Schwager Guntram un ich habe's zugebe.

Am vergangene Wocheend ware mer bei Schmerbecks ei'glade. D'Hanne isch fünfzig wore. Ihr Mann, de Walter, hat sich über de zwaite Bildungsweg, Fortbildungskurse, Zusatzlehrgäng un Mageg'schwüre vom aifache Buchhalter in're Großmetzgerei zum Steuerberater hochgekämpft. Ohne sei Hanne hätt er's net g'schafft. Wahrscheinlich hätt er's garnet probiert. Sie hat ihn im Lebe zu was gebracht, könnt mer sage. Un seither isch's schwierig, de Hanne was zu schenke, über des se sich freut. Des müßt vermutlich was sei, des se bei ihre Shoppingtoure übersehe hat. Aber des gibt's net.

Beim Walter wär's leichter. Der hat e paar Hobbys, die er gern betreibe däd, wenn er noch Zeit hätt. Im Keller hat er sich e komplette Werkstatt ei'grichtet. Sogar abschließbar un direkt nebe'm Weinkeller. Zum fünfzigschte Geburtsdag habe mer z'ammeg'legt un ihm zwölf Flasche Burgunder un e Drehbank g'schenkt. Er hat sich riesig g'freut. Aus metallische Abfäll wollt er Schrottplastik mache, hat er g'sagt. Sobald er dezuäkäm. Dem Walter kann mer immer was schenke. Un wenn's was isch, von dem er glaubt, er könnt's irgendwann brauche, wenn er Zeit hat. Für de Rotwein hat er jetzt scho Verwendung. Zur Überbrückung.

D'Hanne hat Zeit, aber in dem Sinn kai Hobby. Sie macht viel e bißl gern. Sie pflegt sich. Sie spielt Tennis, aber net so verrückt, un hält Diät. In regelmäßige Kurzabständ geht se ins Solarium un ins Kosmetikstudio. Un in Modeboutique, wo manche Männer wie ich ihr Fraue schnell von de Auslage fortziehe, daß se sich net in e Fetzele Stoff verliebe, mit dem se übermorge rumflattere, isch d'Hanne Stammkundin. Dort parkt se ihr lila Zwaitwägele entspannt im absolute Halteverbot. Nach're halbe Stund kommt se dann mit de Verkäuferin z'rück, die Tüte trage helft. Seit s'Schmerbecks Steuerberater sin, putzt d'Hanne nimme selber. Sie kontrolliert nur noch dreimol in de Woch gründlich, ob's sauber isch. Sie hätt e sehr zuverlässige Kosovo-Albanerin, die ihr im Haushalt etwas zur Hand ging, sagt se. De Walter hätt so viele Termine mit Mandante. Hochkarätige G'schäftsleut, Prominenz aus Politik un Wirtschaft. Außer Repräsentiere käm se im Augeblick zu nix mehr. Wenn se des sagt, derf mer net lache. Sie maint's ernscht.

„Geh mol in d'Stadt un guck. Irgendwas wir'sch seh!" Ich bin an dem Samsdag zwai Stunde lang mit'me verhetzte G'sicht un innerlich am Koche in alle mögliche Läde rumg'rennt. Kosmetikköfferle, Spaghettizange, Tennisröckle, Designer-Wasserkessel, Picknickkörb, Duftöl-Lämple, Bücher mit Diätrezepte un Schönhaitstips, Portweinkaraffe, Autofahrerhandschuh aus Ziegeleder – ich waiß nimme, was ich alles in de Händ rumgedreht un widder ins Regal z'rückg'legt hab. Im Musiklade hab ich Billig-CDs mit populärer Klassik „Zum Träumen am Kamin" rausg'sucht. Vivaldi, Mozart, Chopin, Schumann, Händel, Brahms, von allem halt e bißl. Sechs Stück, dann war i genau bei sechzig Mark. S'war e kompaktes G'schenk, nur net b'sonders orignell. Kurz vor de Kass' hab ich's widder wegg'räumt, des haißt, dezent irgendwo abg'legt.

Gege halb zwai bin i nochmol kopflos durch sämtliche Abtailunge im Kaufhaus g'stolpert. Bei de Miederware hab i Badmäntel un Morgeröck g'sucht. Aus lauter Verzweiflung hab ich sogar an'me schwarze Spitzebody rumg'spielt. Bis die Verkäuferin komme isch, um mich zu berate. Ich hab'n schnell z'rückg'hängt. Des wär was für mei Gabriele g'wese.

26

Uff de Rolltrepp hab ich überlegt, ob mer net absage. Bevor mer mit leere Händ komme. Ich könnt mei Migräne habe. Ich kauf de Gabriele des Bodyfähnle. Mir mache's uns dehaim g'mütlich, koche was, gucke vielleicht de Soft-Porno uff SAT 1.

Wahrscheinlich hätt ich's so g'macht. Wenn ich bei de Haushaltsware net den runde Dekorationstisch mit dem Chinesefondue g'sehe hätt. Weiße Porzellanschüssele mit blaue Motive. Bäum, Schilf, Fischreiher, zarte Landschafte. Chinesisch halt. In de Tischmitte de Kocher mit'me große chromglänzende Blechkessel. Zwai schön verzierte Teakholzgriff. Un drüber e Plakat: „Stark reduziert! Wok-Service. Zehnteilig." 199,90 DM war durchg'striche. „Jetzt nur noch 79,90 DM!"

Des war's. Zehn Minute vor Ladeschluß. Des hat repräsentativ nach'm frühere Preis ausg'seh. Vor allem war ich mir absolut sicher, daß d'Hanne so e Chinesefondue noch net hat. Des hätte mir bei dene schon g'seh. Mir sin öfter bei Schmerbecks am Wocheend esse, wenn d'Hanne ab un zu selber kocht.

Die Verkäuferin hat mit de Fingernägel gege die Porzellanschale un Soßeschüssele g'schnippt. Sie hat d'Preisschildle abgekratzt un alles extra mit Seidepapier ausg'stopft. Mit'me Lappe hat se den Kessel inne blitzblank ausg'riebe. Sie hat alles wunderbar verpackt. Nette Frau. Höflich bis zum Feierobend.

Mit'me große lila Würfel vor'm Bauch geh ich durch d'Stadt. Nach vorne seh ich über'm obere Rand nur de Himmel un d'Köpf von größere Passante. Ich muß ab un zu seitlich an dem Paket vorbeischiele. Dann passiert's. Sekundeschnell.

Er muß ziemlich eilig um d'Eck komme sei. Ich greif nach mei'm zerbrechliche Würfel, spür en Schlag an de Stirn. Mir müsse uns gleichzeitg gebückt habe, um den Karton zu fange. Der kracht uff de Bode. Mir sin mit de Köpf z'amme-g'stoße un gucke uns in d'Gsichter. Auge wie schwarze Olive in'me Hautspalt. Noch en Schreck – en Chines! Net de Kellner vom Lotus-Restaurant drübe. Den kenn ich gut. En fremder Chines. Oder en Vietnames. En schmächtige Kerl in viel zu große Klaidersack-Klamotte. Seine Haar spritze wie Beseborschte vom Kopf. Er hebt behutsam, als könnt er so alles gutmache, des Paket vom Bode un gibt mer's in d'Händ. S'muß ausg'seh habe wie e feierliche Übergabe. Des Zeremonielle steckt a. Ich nemm's, nick zum Dank mit'm Kopf un lächel debei. Im Rückwärtsgehe verbeugt er sich mehrfach tief un beinahe zackich. Plötzlich isch er weg. Wie vom Erdbode verschwunde. Ich hab mich von de Überraschung erholt, hab mei Wut runnerg'schluckt. Er hat schließlich nix defür könne. Ich hätt mi gern bei ihm entschuldigt. Sorry. No problem. Are you okay? Es war jo a sein Kopf, den mer uns a'gschlage habe. Der weite Marktplatz um d'Eck war unbegreiflich leer. Ich hab noch nie en Mensch so schnell von so're freie Fläche verschwinde g'seh. Ich hab e Zigarett g'raucht. Mir isch des vorkomme wie en Spuk. Also, wenn mei rechtes Auge net so weh g'macht hätt und sichtbar a'gschwolle wär – ich waiß net. Aber von Sinnestäuschunge kriegt mer kai blaues Aug, oder? Vorsichtig hab i an dem Paket g'schüttelt un g'horcht, ob was klirrt oder kleppert. Kai verdächtiges Geräusch. Gut verpackt.

D'Gabriele war über s'Geschenk für d'Hanne begaischtert. Sie wüßt hunnertprozentig, daß se des net hätt. Ob ich mich net erinnere könnt. Ans Einweihungsfescht von s'Trautmanns ihrem Wintergarte. Do hätt's so e Wok-Esse gebe. Es hätt hervorragend g'schmeckt. Besonders em Walter. Sowas däd ihm a g'falle, hätt er zu de Hanne g'sagt un an dem Kessel rumg'fingert wie en klainer Bu. Sie hätt's genau beobachtet. D'Gabriele sieht oft Sache, die ich net seh. „Was ha'sch denn mit'm Aug g'macht?", wollt se wisse. „Ich bin mit dem Chinesefondue mit'me Chines z'ammeg'stoße", wollt ich a'fange zu verzähle. Sie hat abg'winkt. „Quatschkopf!"

Im Spessartweg war kaum noch en Parkplatz zu kriege. Mercedes, BMW mit Telefon, bullige Jeeps, elegante Cabrios. Dem Paul sei Suzuki, ein knallgelbes Ungetüm, des er sich nach de Schaidung zum Ausgleich zug'legt hat. Viel Turbopower un Four-Wheel-Drive. Lack un Chrom. Mer hat g'sehe, daß sich bei Schmerbecks en gehobener Freundeskrais von erfolgreiche Fünfziger versammelt.

Beim Rückwärtsei'parke hab i g'schwitzt un gekurbelt, daß i um Gott's Wille kai Blechle verkratz. Bei solche Sachwerte außerum kann mer net aifach nach Gehör fahre. Ich bin e paar Mol aus'm Auto g'hopft. Zum Gucke, ob de Platz hinne langt. D'Gabriele hat sich im Innespiegel d'Lippe nachgezoge. Sie hat ihren Schminkbeutel ins Handtäschle g'steckt. „Hasch's jetzt bald?" Ich hab unsern lila G'schenkwürfel vorausgetrage. Sie isch mit de Gerbera aus'm Flower Shop im Hauptbahnhof hinnerherg'stöckelt. Mir ware pünktlich e Stund zu spät.

Der Blick von de Terrass' über de weite Rase hinner'm Haus war großartig. Die Partyzelte, die mer derzeit oft sieht, Baldachine ohne Wänd, habe was amerikanisch Luxuriöses. Die verbraite irgendwie so e nobles Südstaateflair. Ölmillionärsatmosphäre. Gartefackle in de Dämmerung. Sommerlich elegante Leut um runde Stehtisch gruppiert. Zwai Köch an'me leicht rauchende Herd. Dezwische, immer in Bewegung, zwei junge Servierdame mit Schampus uff'm Tablett. De Fred, der Wichtigmacher, hat e bißl abseits, aber grad so, daß mer'n noch g'sehe hat, mit sei'm Handy rumtelefoniert. Wie Denver un Dallas z'samme. S'fehlt nur noch de Neger im Service. D'Hanne hat uns en flüchtige Begrüßungskuß gebe. Es sei toll, daß mer doch noch komme seie. Sie hätt schon gedacht – un fort war se.

Easy Living. Die Stimmung hat a'gsteckt. Ich hab mir

aus'me offene Zigarillokischtle e Davidoff g'nomme. Vom Tablett en Chablis. D'Gabriele hat sich für e Glas Schampus entschiede. So sin mer über de Rase promeniert, habe Händ g'schüttelt, Küßle ausgetauscht, überall e bißl geplaudert. De Walter hat erschöpft ausg'seh. Ich hab'm uff d'Schulter g'schlage. Zur Aufmunterung. Es sei alles so super g'macht, echt, hab i g'sagt, un mit de Zigarillohand über s'Terrain g'schwenkt. Vom Paul habe mer uns von sein're Motorradtour nach Irland verzähle lasse. Nur die Maschin un er. Hunnertzwölf PS zwischen de Schenkel. Ein erotisches G'fühl. Könnt mer garnet beschreibe. Müßt mer erfahre. Vor de Garage habe d'Moonshadows losg'legt, e regional bekannte Oldie-Band aus de Sechziger, die seit dreißig Johr mit'm gleiche Repertoire ufftrete muß, um Erfolg zu habe. S'muß furchtbar sei.

Mir fühle uns wohl. Ich beweg mich, als hätt ich e weißes Dinner-Jacket a. Un d'Gabriele geht geschmeidig aus de Hüfte raus. Ich denk, es wird wie immer sei. Morge were mir uns sage, es sei doch widder schön g'wese. S'isch nur, bis mer do isch. Mir were gege Morge mit'm Taxi haimfahre. Wie so oft. Wahrscheinlich wär's a so komme. Wenn die Sach mit dem Chinesefondue net g'wese wär.

Gege zehn hat d'Band Happy Birthday un en Tusch g'spielt. Alles isch rüber zum große Baldachin g'schlendert, wo d'Hanne feierlich ihre G'schenke auspacke wollt. Endlich Platz am kalte Buffet. Des Eßbare von de Hummer isch natürlich weg g'wese. Ich hab mir halt e paar Lachsscheibe g'nomme. Dezu noch fünf, sechs Wachtelaier. Mer muß alles mol probiere.

Der Geburtstagstisch war hoch mit G'schenke belade. Bei besonders originelle Sache habe die Musiker jedesmol en Tusch g'spielt, un s'Publikum hat geklatscht. D'Hanne hat Überraschungslaute von sich gebe un die Schenker umarmt un geküßt, wenn se grad greifbar ware. Ich hab mich mit de

Gabriele nebe de Gabetisch stelle müsse, weil se sehe wollt, wie d'Hanne unser G'schenk auspackt. E Damehandy hat se kriegt. Schwarz, zierlich, mit rosa Knöpf. Tusch. Applaus. Dann eine Kleinplastik in patinierter Bronze von'me international erfolgreiche Bildhauer, der mit'me Wagerad von Sombrero uff'm Kopf im Publikum war. „Tantalus 2005" hat d'Hanne vom Sockel abg'lese un die Figur baidarmig hochg'halte wie en Fußballpokal. Ein Tusch un Klatschgetöse. Leise Bemerkunge außerum. „Also in d'Wohnung stelle wollt ich mir des net." Oder: „En Tausender mindeschtens." Zwei Paare habe anscheinend z'ammeg'legt für en Gutschein für e Wocheend uff're Beauty-Farm. „Sinnvoll", hab ich gebrummt. D'Gabriele hat g'flüschtert: „Aber net grad taktvoll."

Mich hat die Prozedur g'langweilt. Ich hab draußte e Zigarett g'raucht un uff de Terrass' Schrottskulpture aus'm Walter seiner Kellermanufaktur entdeckt. Also kommt er doch ab un zu zum Baschtle, hab ich gedacht. Pfiffige Sache. Net schlecht. Mit'm Finger hab i sacht an e Perpetuum Mobile aus Vergaserklappe, Klingeldeckel un Stahlfederle getippt. E feines Klingle. Wie von'me leichte Wind bewegt. Meditativ. Fernöstlich. Ich hab an mein Chines denke müsse un mei Aug g'spürt. Von de Deck hängt an drei dünne Kette e blankes Gefäß mit Hängegeranie drin. War mol e Küchegerät. Idee muß mer habe. Wie de Walter. Bohrt drei Löcher an de Rand, schmeißt Dreck nei, schon isch's e Blumeampel. Sogar mit Teakholzgriff – en Wok-Kessel! Haargenau de gleiche wie unserer. Die Porzellanschal am Bode! Blauweiß. Fischreiher. Freßnapf für de Hund.

Ich komm grad recht unner de Baldachin, um d'Gabriele in de Arm zu zwicke, bevor se sage kann, des sei von uns. D'Hanne greift mit gespannter Miene in unser'n Karton un holt e halbe Schüssel raus. Dann die anner Hälft. Es klirrt. Noch'n Scherbe. Als echte Profis reagiere die Old Boys von de

Band spontan uff die Situation. Sie spiele en scherbemäßig schräge Tusch. Paßt genau. D'Gabriele wird blaß, d'Hanne rot. Sie langt nochemol bis zu de Ellboge in die lila Schachtel, die wie en Zauberkoffer wirkt. Sie hat de Kessel un dreht'n ratlos in de Händ. En großer roter Aufkleber pappt am Bode. „Reduziert". Drunner en weiße Zettel. „Made in the People's Republic of China". Jetzt isch's en Gag. Pfeife, Gejohle un Gelächter. D'Moonshadows vera'stalte en ohreschmerzliche Radau. D'Gabriele sucht nach meiner Hand. Mir ziehe uns unauffällig z'rück. Lang sin mer nimme gebliebe. Um Mitternacht ware mer dehaim. Von Schmerbecks habe mer seither nix mehr g'hört.

Jetzt hätte mer Ende des Monats mol e Wocheend frei. Un ausg'rechnet dann muß ich Geburtsdag habe. Fünfzig. Ich wollt fortfahre. Nur mit de Gabriele irgendwo gepflegt esse geh. „Des geht net!", hat se g'sagt. „Mer kann doch am fünfzigschte Geburtsdag net ai'fach nix mache!"

Also gut. Jetzt freu i mi halt. D'Vorberaitunge laufe. Un wenn's vorbei isch, war's doch widder schön.

Mit'm Gourmet-Service vom Metzger Schrimpf ware mer immer zufriede. Dort habe mer ein rustikales Buffet für dreißig Persone bestellt. Erfahrungsgemäß langt des für gut fünfedreißig Leut. Vierzig habe mer bis jetzt eig'lade, aber s'komme jo nie alle. Außerdem sin Kinner debei.

S'gibt nix Überkandideltes. Aufschnitt, kalter Brate, G'flügel, Forellefilets, e Käsplättle, e paar Salate. In d'Mitt könnt mer eventuell uff de Räucherlachs en klaine Hummer setze. Für's Aug.

Um 's Programm bräucht ich mir kai Gedanke mache. Es sei schon alles organisiert, hat d'Gabriele augezwinkernd g'sagt. E paar Freunde hätte z'ammeg'legt un mir als G'schenk ... mehr dürft se net sage. Ich sollt mi überrasche lasse. Jetzt kann i bloß hoffe. Nach Bauchtanz wär's mir im Moment net. S'isch immer noch wege'm Onkel Karl. Oldie-

Bands deprimiere mich mit zunehmendem Alter immer mehr. Bei Vortragskünschtler, deklamierende Schauspieler un Dichter waiß ich nie, wie ich gucke soll.

En Freund besorgt mir in sei'm VW-Bus d'Getränke. D'Gabriele hat mir de Ei'kaufszettel g'ändert. Er holt jetzt viel mehr Sprudel un wesentlich weniger Wein.

D'Einladunge sin verschickt. De Schwager Guntram hat se an sei'm Supercomputer g'macht. Mit so'me Scanner hat er e Babyfoto un e neueres Bild von mir gegenüber'stellt. Dezu hat er in verschiedene Schrifte en ganz witzige Text verfaßt. Des „Bringt gute Laune mit!" hat er nach langem Diskutiere wegg'lasse. Defür hat er aus meiner Textvorlag überhaupt nix übernomme. Sowas könnt mer uff're Einladung net schreibe, hat er behauptet.

Ihr braucht mir net u'bedingt was mitbringe, hätt ich g'schriebe. Daß ihr net mit leere Händ komme wollt, kann i versteh. Aber zerbrecht euch bitte net de Kopf wege Sache, die i noch net hab. Nach dem Motto: Wenn er's mol hat, wird er's scho brauche. Unsere Schränk sin voll mit solche Sache.

Bringt zwai gute Flasche Wein mit. Aber wenn ihr die aus euerm Vorrat im Keller nemmt, guckt vorher uff's Etikett. Net daß dort klaigedruckt steht: „Mit freundlicher Empfehlung, Ihre Volksbank Ettlingen". Des isch bestimmt kain schlechte Wein. Aber s'macht halt kain gute Ei'druck.

Un bitte kain Sektkühler mehr. S'wär de fünfte. Des isch sowas, des mir aifach net brauche, obwohl mer so viele habe. Ich hab's wirklich probiert. Aber wenn mir en Schampus uffmache, wird er net warm. Des wißt ihr doch, hätt i g'schriebe.

Kaufet mir in eurer Verzweiflung kain Weinthermometer mit Design-Korkezieher im versilberte Reise-Etui. Bloß weil ihr wißt, daß ich oft unnerwegs bin un im Hotel übernachte muß. Ich trink mein Rotwein in solche Fäll kofferwarm, un en Korkezieher hab ich am Taschemesser. S'hat immer geklappt.

Schenkt mir Blume. Oder von mir aus Freßkörb. Aber kaine Blume vom Metzger, kaine sogenannte Wurschtsträuß. Ich waiß net warum, aber die Kombination kann i net leide. Die Blume komme schlecht debei weg.

Über Bücher freu ich mich immer. Kauft se rechtzeitig, daß ihr se vorher noch selber lese könnt. Ihr müßt net uffpasse, daß se beim Schenke noch neu ausseh'n. Bücher were durch de Gebrauch net schlechter.

Net daß mir jemand uff die Idee kommt, hätt i g'schriebe, mir zum Geburtstag e Spendequittung über 100 Mark zu überreiche, die er bei're wohltätige Organisation in mei'm Name ei'gezahlt hat. Nur weil er vielleicht beim G'schenksuche nix g'funne un en Moralische kriegt hat. Ich bin net zuständig für euer G'wisse. Un zum Wohltäter mach ich mich gern selber, wenn's mir drum isch.

Vor allem, schenkt mir kai Chinesefondue, hätt ich am Schluß noch g'schriebe.

Love Story

Mir habe uns kenneg'lernt
über d'Kontaktseit
im „Sperrmüll"

zwische Izmir Grill
un Marktplatztoilett
habe mer uns getroffe
es war e schwüle Julinacht
mit G'witterstimmung
kurz nach Punkt acht

ihr Erkennungszaiche
e rote Ros im Dekolleté
war ungefähr
in meiner Augehöh
ich hab wie ausg'macht
e Zigarett mit Mundspitz g'raucht
war mit'me Herretäschle in de Hand
in'me ziemlich weiße Hemd
im Pepitasakko ohne Knöpf
vorne notgedrunge offe
aber beinah elegant
un vom Mut a'trinke
nur charmant beschwipst
aber net besoffe

die Sorg
mir könnte uns net kenne
in dem Großstadt-Städtle
wär net nötig g'wese
mir habe scho von weitem g'seh
mir sin die zwai
vom Sperrmüll-Blättle

s'war Liebe uff de erschte Blick
oder zu spät
um wegzurenne

Tour d'Alsace

Für René Egles

Je m'appelle Werner
c'est ma femme Waltraud
nous sommes des allemands
comment allez-vous?
merci beaucoup
s'il vous plaît
paar Brocke français
sin hänge gebliebe
aus de Realschulklass
chante l'alouette/chante l'alouette
habe mer gebrüllt
en Ausflug ins Elsaß
c'est un tour d'Alsace
c'est dimanche
il fait beau
il fait chaud

von Kehl via Strasbourg
nach Krautegersheim
Capitale de la Choucroute
Krautkopfhauptstadt
Route de Vin
Obernai
im Cygogne
sitzt mer gut
beim Schoppe Sylvaner
mit de Schwobe
Hollandais

Americains
un Japaner
s'isch e bißl laut
un peu babylonien:

Desirée! – J'arrive!
the bill, please
what is koukoriesling?
chicken in white wine
cänjüspick more slowlie, madame?
in de Vogese g'wä
American Express, mais oui
Marc de Gewürz, voilà
sind mit dem Campingbus hier
haben die Räder dabei
dessert? fromage? coffee? – rien
Jänseleberpastete
janz typisch für dat Erlsaß
Bäckeöffe, smakt't lekker?
Jeanette! Schanätt!
die soup de poisson wird kalt
am quatre bei de non-fumeurs
fehlt poivre un e fourchette
payer Frollein, zahle Madam
in Mark, s'il vous plaît bitte
ne, da stimmt was nich
nochmal alles durchgeh'n
was hatten wer denn?
bonne soirée
a nice evening
Desirée! – J'arrive!
Schanätt! – Ich kumm!

hoppla, uff d'Gsundhait
merci, s'isch güt g'sin
hör ich dort nie
zuerscht bien manger
dann spazieregeh
wege de digéstion
verdauungshalber
durchs Vieux Quartier
la ville historique
s'isch très romantique
Fachwerkfassädle
Souvenirlädle
alles mit -ädle
s'hat so e Flair
als ob's toujours
von geschtern wär
Salon de Thé
Agence Immobilier
g'mütliche Winstüble
mit Ami Fritz-Püpple
Mac Donald dezwische
des antiquités
s'gibt viel zu seh

Spinnrädle aus Müetters Stübele
die ganz Poterie de Soufflenheim
Gläser mit g'schliffene Trüwele
Förmle für Gugelhüpf
Aschebecher mit de Sainte Odile
Trachtefigürle mit schwarze Schlüpf
d'r Hans im Schnoogeloch
im rote Sonntags-Gilet
Elsaßstörch en plastic de Taiwan
Trockeblume mit vergoldete Nüß

pour les touristes im Otobüs
die noblere Chinoiserie
isch für d'Messieursdames
aus Lyon un Paris
Wanduhre un Kirchebänk
alte Truhe, Baureschränk
von de ferme in de Vosges
sin für's Ferie-Chalet
in de Franche Comté
vom Oberstudierat Bosch

Japaner filme Japaner
vor'm Hotel Diligence
ich sitz immer noch
in de rue beim Sylvaner
d'Sonn kippt übers Dach
de Schatte vom Haus
steigt peu à peu
vom Gürtel zum Hals
an mir hoch

e Liebespaar schmust noch
bei de Fontaine Sainte Odile
im Mondlicht über'm Platz
von de Mairie schlagt's onze heures
ich bin seul dans la ville
s'gibt nur noch mich
un e schwarze Katz
d'Kellner rauche
endlich isch Ruh
de Patron macht d'Kasse
dreht s'Schild – fermé
s'Elsaß macht zu

Deutsches Zimmer

Cirquit Touristique
Mont Sainte Odile
Les Champs de Feu

drei Wegpfeil
zum Tannewald
ein Lied zwo, drei
pfeift der Wind so kalt

Les Carrières – Steinbrüche
Camp de Struthof – KZ
Chambre à gaz

c'est Gaskammer
en allemand
dit un grand-père
ancien combattant
à son petit-fils
de quarante ans
les billets d'entrée
dans sa main lourde de paysan
d'Eintrittskarte
in seiner schwere Baurehand

on est trop jeune
mir sin zu jung
on n'y peut rien
mir könne nix defür

mais chambre à gaz
sera bien à jamais
une chambre allemande
dans les forêts
Gaskammer
bleibt wohl für immer
e deutsches Zimmer
im Wald

Natzweiler
sous un grand châtaigner
dans le jardin d'un bistrot
unner'me Kaschtaniebaum
in'me Wirtshausgarte
toi, tu avales les larmes
moi, j'allume une cigarette
pour ne pas pleurer
du schluck'sch Träne weg
ich rauch e Zigarett
gege s' Heulemüsse

du guck'sch in de Himmel
ich kritzel in de Sand

sale patrie
Scheißvaterland

Altweibersommer

Merci vielmols
s'hat gut ausgebe
Äpfel, Nüß, Kaschtanie
Pfifferling en masse
Brot un Wein
mehr als bloß g'nug
mir stütze d'Elleboge
um'n volle Rieslingkrug
un im Gewölbe
blubbert s'Faß

mir habe uns verhockt
bei manchem dicke Winzer
unner'm rote Blätterzelt
von Traube d'Händ verklebt
vom Zwiebelkuche rund gebläht
schräg un pflichtvergesse
fern von de Digitalzeitwelt
de Eisefinger von de Sonneuhr
hat sei Schneckespur
über altes Mauerwerk gezoge
un unser Stückle Ewigkait
präzis genug vermesse

d'Quetschkommod vom Jean Baptiste
hat uns vom Bänkle hochgezoge
zu Tango, Schieber un Musette
zum riskante Walzerkarussell

wie de Lumpeschorsch am Bese
als wär's uns net im Sitze
scho e bißl schwindlich g'wese
mir habe uns Hals über Kopf
mit dere Welt gedreht
als wollte mer se überhole
un vor'm Sturz ins Publikum
abgebremst un annerscht rum
mir habe s'Lebe g'feiert
was waiß ich warum

d'Altweibersommersonn
hat ihre Katzegold-Dukate
über's Wachstuch klimpere lasse
hat ihre kalte Feuerfunke
über uns're Bacchusköpf versprüht
der bocksfüßige Zottelgott
mit seine Bernstainauge
hat mit de Schilfrohrflöt
pausbäckig in d'Asch geblose
en Windstoß lang sin alle Fraue
noch viel schöner g'wese
sogar die alte Weiber sin
wie d'Ros von Jericho
ganz wundersam erblüht
mir habe unser Zech bezahlt
de Wald hat Feuer g'fange
un isch kürbisgelb verglüht
jetzt im Novembernebel
schieß ich dir en Blumestrauß
daß'd an mich denk'sch
un ich dich net vergeß
an de Schießbud
uff de Sankt Martins-Meß'

An d'Luft geh

Es war so'n Novemberwinter, grau in grau, als sei d'Welt in Spülwasserbrüh g'falle. Monatelang Tageslicht wie Notbeleuchtung. De Kellner vom Poseidon an de Eck, de Jannis, hat immer käsiger ausg'seh un vom Licht in Thessaloniki g'schwärmt, des ich mir net vorstelle könnt. Mitte Januar hat de Herr Sirin vom Türkelädle e G'sicht gezoge, als hätt er en Brocke Schweinebrate mit Biersoß im Mund, den er net runnerschlucke un net rausspucke könnt. Mit Mandelentzündung hat er ins Herz-Jesu-Krankehaus müsse.

Mir habe uns wohlg'fühlt. Ohne schlechtes G'wisse hat mer g'mütlich in seine vier Wänd bleibe könne. Nach'me kaloriereiche Frühstück habe mer uns sonndagmittags widder ins Bettzeug verkroche. Wo lebe zwai Mensche preiswerter, g'sünder, sicherer un zeitweise vergnüglicher als im Bett? Wenn se wolle, könne se dort was mache. Wenn net, schlofe se halt. Weniger kann mer net mache. Schlofe isch beinah nix g'macht. De Organismus nützt sich kaum ab un hält wahrscheinlich länger.

D'Ruth hat an ihrer Problemzone zwische Knie un Oberärm e paar Pfündle zug'nomme. Steht ihr gut. Mir g'fallt drall. Schon des bloße Wort macht Spaß. Es kullert kugelrund aus'm Mund. Drall. Mit'me griesgrämige G'sicht laßt sich des garnet aussproche. Un als Mann fühl ich mich bei dralle Fraue komfortabler in de Welt logiert als bei dünne. Drall hat mit dick nix zu schaffe. Es isch mehr en schön g'formter Überfluß, was Großzügiges an de richtige Stelle. Es wär mir jetzt drum, e ganz annere G'schicht zu verzähle. Aber z'rück zum Thema.

Im Fernseh sin schöne Wiederholunge komme. Des „Frühstück bei Tiffany" oder „Die Meuterei auf der Bounty" kann ich immer widder seh. Ich guck gern Wiederholunge. Es isch selte, daß mer im richtige Lebe zwai Stunde im voraus waiß, was passiert. Ich genieß des beruhigende G'fühl. Un falls ich mittedrin ei'schlof, muß ich mich net ärgere, weil ich s'End sowieso scho kenn. Ich versteh net, was d'Leut gege Wiederholunge habe. Un gege die Novemberwinter. Nach'm Wintersportbericht soll's im Schwarzwald a paarmol g'schneit habe. Bis in mittlere Tallagen. Gott sei Dank könne mir net skilaufe. Sonscht wäre mer vielleicht doch mit dem große Haufe fortg'fahre. So habe mer unser Ruh g'habt. Bis zu dem Sonndagmorge vor drei Woche. Schlagartig war's vorbei mit de Ruh.

De Frühling isch komme wie e Razzia. Als hätt e himmlisches Rollkommando in'me schummrige Kabuff d'Vorhäng runnerg'risse un mit Trillerpfeife gepfiffe: Alles raus! D'Sonn scheint, de Lenz geht los! Hopp, hopp, Bewegung, ihr Schlaffsäck! Aktiv sei, was mache! Dehaim sterbe d'Leut!

Jetzt isch de Himmel blau wie e Sultanszelt. D'Dächer leuchte ziegelrot, de Bach glitzert grell. Aus jedem Stückle Holz mit Wurzle drückt s'Grün. Wie weiße und rosa Blumesträuß stecke d'Obstbäum in de Wiese. Plötzlich stecht d'Sonn durchs Hemd un schleckt de Kinner s'Eis weg. Die schwarze Krächzvögel sin aus de Stadt verschwunde, un die bunte, stimmbegabte Vogelsorte sin komme. Nur d'Spatze un Taube sin nach dem Schichtwechsel gebliebe. Die könne nix, net krächze, net singe. Solche Vögel bleibe immer. Die wird mer nie los. Zwische de Stühl vom italienische Straßencafé Venezia picke se d'Brocke vom Tiramisu aus de Ritze. Verkäuferinne un Bürodame sonne sich dort in de Mittagspaus. Sie zupfe ihre Röck über d'Schenkel un seh'n durch des bißl freie Haut so nackt aus, daß d'Männer ins Stolpere komme, weil se net konzentriert weggucke könne. Nach dem ewig lange Novemberwinter isch mer diesbezüglich bei fremde Fraue nix mehr g'wöhnt. Vor'm Poseidon winkt mich de Jannis zu'me frühe Ouzo an de Ecktisch beim Ei'gang. S'Licht isch hier nie wie in Thessaloniki, aber jetzt isch's wenigschtens e bißl ähnlich. Der Herr Sirin reißt schwungvoll e Papiertüt für holländische Treibhaustomate vom Hake un hat seine Mandle los. Jetzt lacht er so e herzlichs „Merhaba" über d'Gaß, daß seine drei Goldzähn in de Sonn blitze. Plötzlich isch Izmir nimme so weit.

Am Wocheend kann mer jetzt nimme grad dehaim bleibe und nix mache. Von wege nochmol ins Bett schlupfe, fernseh, dicke Bücher lese, womöglich d'Läde unne lasse. Mer käm sich direkt g'mütskrank vor, wo alles g'sellig in de Natur drauße rumspringt un d'Freizeit g'staltet.

Stundelang überlege mir beim Frühstück am Sonndag, was mer bei dem schöne Wetter mache könnt. Bis es für alles, was mer gern g'macht hätt, zu spät isch. Seit drei Woche freue mer uns uff die Radtour, die mer heut morge widder verschobe habe. S'hätt sich nimme rentiert. Zudem hat d'Ruth am Horizont e Wölkle mit'me graue Rand entdeckt. S'Wetter sei net echt, hat se g'maint. Mit'me bedauernde G'sicht, aber innerer Erleichterung, hab ich zug'stimmt. S'könnt umschlage, zum Regne komme, sogar e G'witter sei drin. Vor G'witter hat d'Ruth Angscht. So habe mer erschtmol sitze bleibe könne, un ich hab net zum Radflicke runner in de Keller müsse. Sonndagsmorgens vertrag ich alles, bloß kai Hektik. Des Wölkle isch irgendwann vorbeig'segelt, oder de Wind hat's verzupft. Der Himmel isch immer blauer wore. Der Dag isch uns raus. Aber wie! Also sowas wie heut derf uns nimme passiere.

Gege halb elf sitze mir schon e Stund am Frühstückstisch, gähne un gucke raus. D'Ruth im Badmantel mit're schlecht abg'waschene G'sichtsmask. Ich in de Unnerhos un im Muskelshirt, des mir net b'sonders steht. Beim Tchibo hab ich's aus Versehe gekauft. Weil's günschtig war, hab ich glei vier mitg'nomme. Erscht beim Auspacke hab ich g'merkt, daß es kaine kurzärmelige T-Shirts, sondern so Muskeldinger ware. Aber für dehaim geht's. Mir trinke Sekt mit Orangesaft für de Kraislauf. De Pavarotti singt so wunderbar, daß mer Gänsehaut kriegt. D'Sonn scheint durch d'Scheibe, die mol widder geputzt g'höre, uff de Scheiblettekäs un die Trümmer von de Vierminute-Eier.

Dynamischer Freizeitbetrieb drauße. Eine Fitneß-G'schaftlhuberei wie im AOK-Heftle. Rudel von Radfahrer in grellfarbige Trikots un Glanzstrumpfhose strample vorbei, schüsselförmige Hartschale über die rotverschwitzte Köpf g'schnallt. Ohne so Dinger traut sich anscheinend heut niemand meh, en Achter zu fahre. Die Sorg ums Hirn greift um sich. Unner signalrote Wimpel trepple d'Kinner mit, wie stramm uffgezogene Spielzeugäffle. Ganze Verbänd von befreundete Radlerfamilie ziehe vorbei. In überdachte Kärrele kugle Säugling rum, nuckle an de Schoppeflasche. Oder sie brülle, weil se bei dem Gehoppel mit de Schnuller ihre Münder net treffe. Am Eiscafé wird abg'sesse. Die Rudelführer krame in ihre umg'schnallte Gürteltasche, die Banane haiße, nach Geld. So e Bananetäschle sei e praktische Sach. Sowas sollte mir uns zulege. Für unser Radtour am kommende Sonndag, sagt d'Ruth. „Ja, wahrscheinlich", brumm ich, „un dann noch so Handschuh, e aerodynamische Sonnebrill, so Glitzerklamotte un en Topf mit Sturmrieme über de Kopf. Vielleicht noch e Trinkfläschle mit Energieg'söff am Rahme. Red Bull. Daß mer net a'halte muß, wenn mer Durscht hat. So schiebe mer unsere Supermarktkräder mit Torpedo Dreigang-Nabeschaltung de Spessarter Buckel hoch. S'müßt großartig ausseh." Mir diskutiere bis gege zwölf. Die Deutsche hätte e Vorliebe für kapselartige Kopfbedeckunge, uniformiertes Auftrete un die passende G'sichter dazu, behaupt ich. Ich deut zum Beweis aus'm Fenschter. „Guck mol, sieh'sch du jemand, der ohne so e Schüssel besser ausseh däd? Die steht doch jedem!" – „G'schwätz!", ärgert sich d'Ruth. De Käs g'hört in de Kühlschrank.

En Marschtrupp von knorzige Seniore schwenkt beim Tabak- un Zeitschriftelade um d'Eck. Kniebundhose, Wadestrümpf, derbes Schuhwerk, Älplerhüt, Rucksäck, feldgraue Windjacke, Ferngläser. Wanderstöck zirkle voraus durch d'Luft. Wanderkamerade vom alte Schlag, kurz bevor se ins gemainsame Singe ausbreche. Wir lieben die Stürme un so weiter. Vielleicht de Schwarzwaldverain.

Tempo dreißig. Aus langsam vorbeirollende Blechkischte rumpelt immer d'gleich Musik. Disco. Oder Hardrock. Die Baßschläg haue dumpf un monoton in de Mage, wo mei Vierminute-Ei verdaut. Sauriernerve müsse die habe. Manchmol Rap. So'n verhetzte Negersprechg'sang, den niemand so richtig versteht. Egal. S'isch halt e Lebensg'fühl. So e Bürschle trommelt mit de Hand uff's Dach von sei'm Schrott-BMW. Ärm wie'n Aff. UNIVERSITY OF COLUMBIA steht uff sei'm Fetzehemdle. D'Amischildkapp hat er verkehrtrum uff'm Kopf. Ringle im Ohr, klar. Derf net fehle. Des paßt prima zu dem dicke Baurebubeg'sicht. Er gibt dauernd Standgas, weil's net weitergeht. Durchs Seitefenschter spuckt er uff's Trottoir. Mir platzt de Krage. „Bi'sch du net ganz gebacke, du Hohlblock! Stell den Radau leiser! Do wohne Leut, kultivierte Mensche, die klassische Musik höre! UNIVERSITY OF COLUMBIA – daß i net lach! Was du dort studiert habe will'sch, des däd mich wirklich mol int'ressiere!" – so hätt ich wahrscheinlich über de Vorgartezaun gebrüllt, wenn mich d'Ruth net rechtzeitig am Zipfel von mei'm Muskelhemd gepackt hätt. „Was ha'sch denn, Fritz? Warum bi'sch denn plötzlich so aggressiv?" – „Ich? Aggressiv?", schrei ich z'rück un zünd mir e Zigarett a. In drei Minute isch se g'raucht.

In offene Jeeps turnt uffgekratztes Jungvolk rum. Ein

Gekicher un Gehopse. Die lache sich über jeden Scheiß-
dreck dod. Wie Schokoriegelesser un Colatrinker aus de
Werbespots. Fahre mit'm Fun-Car vom Daddy zum Barbe-
cue an d'Baggerseebeach. Für die isch d'Welt en Amüsier-
betrieb. „En krankhafter Bewegungsdrang. Bloß net beim
Schaffe!", hör ich mei Stimm in d'Kaffeetass' schimpfe. Ich
krieg en Schreck. Mir isch's, als hätt mein Vadder grad
g'schwätzt.

Bei Cabrioletfahrer guck ich prinzipiell weg. Ich spiel für
die net s'Publikum. Beim erschte Sonnestrahl reiße die
s'Verdeck runner, nur weil annere des net könne. Die fahre
net, um irgendwo a'zukomme, sondern führe vor, wie se
fahre. Lache mit ihre Lederhaube un Leinekäpple souverän in d'Landschaft, un vom Hals abwärts schlackere se
vor Kälte mit de Knoche. Die mache so, als däde se de
Fahrtwind genieße, ohne zu friere. Gucke net links un net
rechts. Wärme sich aber an jedem bewundernde Blick. Ich
guck jedenfalls net.

Manchmol müsse mer über de Tisch schreie. Hornisse-
schwärm von Motorradfahrer, gepanzerte Turnierritter ohne
Lanze. D'Ideallinie in de Kurve un ihr Drehzahlmesser isch
für die s'Naturerlebnis. Die sin mir trotzdem irgendwie sym-
pathischer als die Cabriolet-Herrschafte. Vielleicht, weil se
wenigschtens was G'fährliches mache un debei net groß gukke könne, ob se g'seh were. Langsam bullert e Formation
Chopper vorbei. Des isch widder e annere Sort. Die liege
nach hinne. In Rückwärts-Kippstellung, d'Cowboystiefel seitlich hochg'streckt, d'Händ weit obe. Fahre durch d'Gegend
wie uff'me französische Plumpsklo, wo se mit baide Händ
d'Tür zuhalte müsse. Manche seh'n aus wie'n Schnappschuß
von dem Moment, wo grad de Haltegriff reißt. So'n Kerl winkt
uns zu. Lederjack mit Franse. Harley Davidson. Mir sehe unser
Hausfassad in seiner Sonnebrill. E dickes, gutmütiges G'sicht
mit gequetschte Backe unner'me amerikanische Polizeihelm.

Er schiebt d'Brill hoch un lacht. Mir winke. „Des isch jo de Lämmle Wolfgang vom Finanzamt!", sagt d'Ruth. „Markiert der alte Kerl noch de Easy Rider. Hängt nach'm Amt s'Krawättle in de Schrank un schlupft in d'Lederstrumpfmontur. Typische Jungg'sellefürz." – „Ach Gott, wenn's ihm Freud macht un er's g'sundheitlich noch packt", sag ich e bißl neidisch.

Ich kratz de Zucker aus de Tass'. „Des ware Zeite", fang ich a zu verzähle, „als ich Ende der Sechziger mit de 350er Horex, nur mit de Pudelmütz un de Bleyle-Strickjack, Ölzeug gege de Rege, in Urlaub nach Tossa de Mar ..." „Ja. Un bei Rastatt isch dir scho de Gaszug g'risse", winkt d'Ruth ab. Also des hätt i scho öfter verzählt. Ich bin en Augeblick belaidigt. E gute G'schicht kann mer immer widder höre. „Überleg dir lieber, was mer mache", sagt sie.

Zwölfe vorbei. De Käs g'hört immer noch in de Kühlschrank. S'Nachbars komme vom Tennisspiele. Er humpelt leicht, der A'geber. En Jogger kommt grad noch zu're Bank, laßt sich dort erschöpft un durchblutet falle. Er hat sei Laufpensum für heut erledigt. Sein Kopf dampft. Ich frier e bißl. In de Küch schlürft d'Kaffeemaschin. De zwaite Durchgang isch fertig.

Alle sin aktiv. Nur mir net. Un die ausländische Mitbürger. Die mache a net viel. Die Türke g'stalte ihr Freizeit anscheinend überhaupt net. Mit orientalischer Gemütsruh spaziere die durch d'Stadt. In g'schlechtergetrennte Familieverbänd, die sich irgendwie bewährt habe müsse. Alle sin normal a'gezoge. Freizeit-Look kenne die net. Ich hab noch nie en Türk in'me kurze Hösle oder luftige Fußbettsandale in de Stadt g'seh. In'me Joggingdress könnt ich mir de Herr Sirin net vorstelle. Un um de Jannis als Sportler zu erlebe, müßt jemand schon e größere Zech prelle. Ohne zwingenden Grund renne die net. Die marschiere a net ziellos un zweckfrei durch d'Gegend, bloß wege de Natur.

Wandere muß für die en dumpfer deutscher Drang sei, e nationale Zwangsneuros. Für de Sirin isch d'Natur en Ort zum Ausruhe. Des kann e Grasnarb nebe'm Glascontainer zwische de Wohnblöck sei. Nur en Baum braucht er, der Schatte macht. Dort wird gebrutzelt, g'esse, mit de Kinner g'spielt, g'schwätzt oder g'schlofe. Manchmol repariert er mit de Söhn de Transit vom G'schäft. Sie baue s'Getriebe aus. Aber net zum Spaß, sondern weil's kaputt isch un während de Woch kai Zeit bleibt. Sonscht lasse die ihre Wocheende aifach verstreiche. Ohne unnötige Bewegung un Ortswechsel. Dene langt's, wenn d'Sonn wandert. Bei uns geht des net. Mir könne net rumsitze, ausruhe un Pischtaziekern kaue, während unser Freizeit unorganisiert abläuft. Mir müsse halt was mache, wenn mer net schaffe. Unserains braucht e Hobby, en Sport, halt irgendwas, wo mer schwitzt beim Entspanne.

Endlich stellt d'Ruth de Käs in de Kühlschrank. Zwische Küch un Wohnzimmer rufe mer hin un her. „S'isch halb zwai! Bis mir fortkomme, brauche mer nimme fort!" – „Sag doch du mol, was mer mache!" – „Wieso ich? Mach du en Vorschlag!" – „Mir isch's egal. Von mir aus könne mer alles mache." – „Hör zu, wenn mer noch e Weil rummache, brauche mer sowieso nimme fort. Dann könne mer dehaim bleibe!" – „Dehaim bleibe? Warum net? Ich sollt eh meine Belege fürs Finanzamt sortiere. Mir könnte's uns uff de Terrass' hinne g'mütlich mache." – „Scho widder?"

Aus de Küch kommt kai Antwort meh. Ich lehn mich behaglich z'rück. D'Ruth geht ins Bad. Im Vorbeigeh stellt se d'Kaffeekann ab. „Bei dem schöne Wetter sollte mer wenigschtens e bißl an d'Luft geh", sagt se. S'war mir klar, daß des kommt.

An d'Luft geh. Daß mer an de Luft war. Des isch kai Programm. Des haißt nur net dehaim bleibe. Wie oft sin mer scho an d'Luft g'ange un habe vor de Tür Krach kriegt, weil mer net g'wüßt habe, was mer dort mache solle. Oft geh'n mer dann kopflos spaziere, daß mer e bißl an de Luft ware, bevor mer in'me Lokal was esse. S'isch a scho passiert, daß mer nur e bißl an d'Luft wollte un acht Stunde weg ware. Überall, nur kaum an de Luft. So geh ich nimme aus'm Haus. D'Ruth setzt sich mit ihrem Nagellackzeug widder an de Tisch. „Also, was mache mer?"

Bißl fortfahre? In de Schwarzwald? Zu überlaufe. D'Pfalz? Hätte mer plane müsse. Bevor ich e halbe Flasch Schampus trink. Ich muß ja fahre. Was soll en Mensch in de Pfalz, wenn er zum Saumage Sprudel b'stelle muß? Nach Straßburg runner? Durchs Petite France bummle, daß mer an de Luft war un obends uff de Haimfahrt Hunger hat zum irgendwo ei'kehre. „Bis mir dort sin, isch d'Sonn weg", sagt d'Ruth. Immer hat se Angscht, daß d'Sonn nimme do isch, bis mir komme. Ich muß zugebe, oft hat se recht. S'hat uns allerdings noch nie g'stört, daß die Sonn weg war, wenn mir erschtmol irgendwo ware. In de Kraichgau könnt mer fahre. Wär net weit. Halbe Stund. Dort hätte mer noch was von de Sonn. Paar Meter wandere. Im Wald. Picknick mache. Im Kühlschrank isch g'nug Zeug, des weg muß. Mir mache's wie unsere Türke! E prima Idee! Nur e Flasch Riesling nemme mer mit. Den kühle mer im Bachbett. Un s'Federballspiel un d'Frisbee-Scheib. Un Bücher. Un s'Schachspiel.

Mir hätte's beinah gepackt un wäre fortg'ange. Ich hab scho überlegt, wo die Frisbee-Scheib sei könnt. D'Ruth hat nach de passende Schuh für schweres Gelände, geteerte Wege un elegantere Böde g'sucht. Genau wisse mer jo nie, wo mer lande, wenn mer e bißl an d'Luft geh'n. Aber s'wär eh zum erschtemol g'wese, daß se s'richtige Schuhwerk debei hätt. Plötzlich – grad will ich uffsteh – steht se mitte im Zimmer, de Badmantel offe. In de linke Hand hat se ihre Wanderstiefel ohne Bändel, rechts zierliche Schuh mit hohe Absätz. Ich trink en Schluck Sekt ohne Orangesaft. Für de Kraislauf.

Im Wald könnt mer net gut laufe. S'hätt doch viel g'regnt zwischedurch in de vergangene Woch. Zwische Pfütze rumhopfe? S'Gras sei noch naß. Mit Sicherhait sei a de Bode noch zu kalt zum Sitze. Zu früh für e Picknick. Zum Federballspiele sei's zu windig. Ich nick jedesmol. Mir sitze widder. Ich blätter im Lokalblättle. Überall isch was los.

Biergarte-Eröffnung mit Dixielandmusik. S'isch vorbei. Egal. Dort wär mer a bloß rumg'hockt. Dehaim sin mer g'mütlicher g'sesse. Brunch im Hotelgarte vom Scandic Crown. Bis mir mit'm Breakfast fertig sin, isch dort sogar de Lunch vorbei. Matinée mit Texte von Ringelnatz un Jazz. Im Foyer vom Badische Staatstheater. Wär was g'wese. Als Soirée. Frühlingsfescht vom hiesige Haseverain. S'gibt Hasebrate. D'Ruth zappelt mit de Finger. Ob ich ihr bitte de Badmantel über d'Schulter ziehe könnt. Ihr Nagellack sei noch net trocke. „Danke." Mir könnte überhaupt s'Auto steh lasse un mit de Stadtbahn nach Karlsruh fahre. Umweltbewußt. Stadtbummel mache. Schaufenster a'gucke. Ihr Idee geht mir so gege de Strich, daß ich sofort schwerer im Sessel sitz. „Wie e alt's Ehepaar", sag ich beim Gähne.

Mir könnte jemand besuche. Freunde überfalle. Spontan. Die sage doch immer, des sollt mer öfter mache. Uff'n Sprung vorbeikomme. Ohne vorher a'zurufe. Daß mer'ne wenigschtens d'Vorfreud uff'n ruhige Sonndag net verderbt. Wenn se Glück habe, sin se fort, dann habe mer Pech g'habt. Ich blätter d'Adresse in mei'm Notizbüchle durch. Alphabetisch les i vor. Bei Wiedemann-Kalkreuther schreie mer wie aus ai'm Mund: „Um Gottes Wille, die net scho widder!"

Der Ausflug ins Elsaß steckt uns noch in de Knoche. Die Doris un der Tassilo. Mit ihrem pubertätspickliche Lars, den se g'waltsam mitschleppe. Natürlich wehrt sich der Kerl uff sei Art. Der kann ai'm nur durch d'Körperhaltung un sei Beißzangeg'sicht fertigmache. Des entspannt sich erscht,

wenn er's g'schafft hat, daß die Alte wege ihm Krach kriege. Des isch kai Problem für den. Dann laufe die mit solche
Beißzangeg'sichter rum. „Herrgott, hat der uns in dem vornehme Lokal blamiert!", erinnert sich d'Ruth. „Also bei dem
Rülpser hätt er von mir e Maulschell g'fange, daß'm s'Käpp-
le über de Tisch g'segelt wär. Für mich wär des so e Art
Notwehr g'wese. Aber des mache s'Studierats natürlich
net. Die bechere dehaim lieber drei Bordeauxflasche leer
un schlofe getrennt. Er im Arbeitszimmer. Sie halt dort,
wo se grad isch." – „Im Grund kann der Lars nix defür.
Der Bu will nur nimme mit. Mit seine Kumpels im Burger
King hätt der ganz normal g'esse."

Mir diskutiere e halbe Stund über Erziehung. Mei Feuer-
zeug liegt bei W im Notizbuch. S'isch uns nimme nach Leut
b'suche. Mir müsse baide in de Woch schwer schaffe.
S'Wocheend brauche mir zur Erholung.

In der Beratungsphase greife mir immer erleichtert uff de
Minimalplan zurück. Nur kain Freizeitstreß. Es wird
beschlosse, daß mer uns vorläufig erschtmol in aller Ruh
zum an d'Luft geh fertigmache. Debei könne mer immer
noch überlege, was mer mache. Nach der lange Sitzerei
kommt e beinah beschwingte Bewegung in die Szene. Ich
laß unser Frühstücksg'schirr routiniert in d'Spülmaschin rutsche. Es klingt, als ob alles in Scherbe wär. Wie immer kommt
d'Ruth in d'Küch g'saust. „Isch was passiert?" – „Ach was,
ich mach nur e bißl Ordnung." – „Könnt'sch mir de BH
zumache?" – „Klar. Wart. Warum geht denn des net?" –
„Laß, ich mach's selber, bevor …" – „Geduld. So, jetzt. Uff
geht's leichter. Zack! Sieh'sch?" – „Was soll des, Fritz?" –
„Müsse mir überhaupt fort? Mir könnte doch …" – „Nix.
S'geht an d'Luft. Wenigschtens e bißl."

Ich bin soweit. D'Ruth versucht, sich a'zuziehe. Des dauert, aber mir habe jo Zeit. Ich zieh nochmol s'Hemd aus zum
en Knopf a'nähe. „Mir könnte Richtung Weiher marschiere.

Dort isch uff halbem Weg e Wirtschaft, wo mer vielleicht sogar im Freie sitze kann." – „Bis Weiher sin's doch bloß drei Kilometer." – „Na und? Macht des was? Will'sch du wandere? Zum d'Füß vertrete langt's. Daß mer an de Luft war." D'Ruth erscheint laufend in verschiedene Klaider. „Main'sch des geht?" – „Ich denk scho." – „S'wird frisch sei. Ob ich e Jack mitnemm?" – „S'wär besser. Ich trag se." – „Guck mol, passe die Schuh zum Rock?" – „Einwandfrei." – „Ich brauch u'bedingt was für de Übergang. Isch des zu sommerlich?" – „Ich glaub net." – „Also friere will ich net. Ich zieh besser e Hos un en Pullover a un laß die Jack dehaim." – „So machsch's." – „Wenn mehr rausguckt, sieht's warm aus. Des täuscht manchmol um die Jahreszeit." – „Wart, ich geh kurz uff de Balkon un guck, ob's wirklich so warm isch, wie's aussieht", sag ich un mach en Schritt raus.

Ich duck mich sofort weg un laß mich hinner s'Balkonmäuerle falle. Uff Knie un Ellebogge robb ich z'rück ins Zimmer. „Jesses, Fritz! Was ha'sch denn? Widder de Ischiasnerv?", ruft d'Ruth verschreckt. „Kopf runner! Weg von de Gardin!", zisch ich un zieh se am Klaid uff de Bode. „Bi'sch du verrückt? Des reißt doch …!" Blitzschnell liegt mei Hand über ihrem Mund. „Pscht! Ganz ruhig! Net bewege!" – „Wa'schn'los?" – „Wiedemann-Kalkreuthers. Grad in d'Straß ei'gebogge. De Lars debei. Im Wohnmobil." – „Habe se dich g'seh?" – „Ich glaub net." Mir flüschtere, als könnt mer uns drauße höre.

Mit'm Rücke an de Haizung unner'm Fenschter hocke mer uff'm Teppich un warte. Es schellt. Mir zucke z'amme, obwohl mer druff g'faßt ware. En Moment isch Ruh. Dann nochemol un dringlicher. Mir halte uns bei de Händ, schnaufe kaum. Es klingelt Sturm. D'Ruth hat sich lang uff de Bode g'legt un halt sich d'Ohre zu. „Solle mer net uffmache?" Ich schüttel de Kopf. „Jetzt erscht recht net!" Ein rhythmisches Schelleinferno. Da-da – dadada … „Herrgott, so eine Unverschämthait!", fahrt's aus mir raus. „Die müsse doch langsam kapiere, daß mir net dehaim sin! Sonscht hätte mer nach dere Schellerei doch scho uffg'macht!" Endlich isch Ruh. Mir lauere g'spannt. Fühle uns wie belagerte Burgbewohner. Nix meh. „Sie habe's uffgebe. Sie ziehe ab!", triumphier ich. Fehlt noch s'Motorgeräusch als endgültige Entwarnung. Aber es kommt net. Ich leg mich nebe d'Ruth. Plötzlich uff de Türschwell die Baseballschlappe. Verschnittene Jeans. Des Pickelg'sicht. De Lars stottert, wie er uns so sieht. De Vadder hätt'n g'schickt. Über d'Terrass'. Unser ... unser Auto in de Garage. Müßte dehaim sei, hätt er g'sagt, de Vadder. Unser Lache hat sicher blödsinnig ausg'seh. Mir habe die Situation aber ganz clever überspielt un so g'macht, als däde mer uff'm Bode was suche. „S'isch net viel g'wese. E paar Zehnerle. Die sin verrollt," zwinker ich rüber zur Ruth. Die reagiert sofort. „S'Haus verliert nix. Beim Putze wird's widder ufftauche." In dem Augeblick schiebt de Tassilo sein Sohn beiseit, kommt mit energische Schritt ins Zimmer. „Oh, habe mer euch bei was g'stört?", lacht er un boxt mir an de Oberarm, wie ich grad s'Hemd in d'Hos stopfe will. „Auf geht's, ihr Stubehocker! Wie wär's mit'me Elsaßfährtle?"

E Viertelstund später sitze mer im Wohnmobil, wo mer net rauche derf. Ich vorne nebe'm Tassilo. D'Fraue hinne am Tisch. De Lars starrt mit verbissener Ausdruckslosigkait aus'm Fenschter oder durch uns alle durch. Mir komme uns vor wie Geiselnehmer. In Straßburg will er net aus'm Auto. Des Münschter, Gerberviertel, alte Häuser. „So'n Scheiß", sagt er. Dann kommt er doch raus, weil'm die Doris en Big Mac bei Mac Donald's versprecht. Alles muß warte, bis er mit so're Schachtel aus dem Lade kommt. In zwai Minute isch des Ding weg un s'T-Shirt versaut. Mir spaziere an de Ill entlang. Er fuffzich Meter hinner uns, aber s'isch net zu überhöre, daß er e Colabüchs vor sich her kickt. De Tassilo nemmt se'm weg un wirft se in en

Müllbehälter. Die Stimmung spitzt sich zu. Bis mer uff de Haimfahrt in de Alte Mühl in Lauterburg ei'kehre.

De Lars will nix esse un nix trinke. Kain Hunger. Kain Durscht. Pepsi-Cola trinkt er net. „Schmeckt beschisse." D'Doris versucht'n zu überrede, wenigschtens e Klainigkeit zu bestelle. Sie lest'm aus de Speisekart Sache vor, die'm normalerweis schmecke müßte. Er zieht e verekelt's G'sicht un schüttelt de Kopf. „Herrgott, laß'n doch! Dann frißt er halt nix!", schimpft de Tassilo g'fährlich laut beim Kaue. „Tasso bitte! Sei net so ordinär!", wird er von de Doris ermahnt. De Lars kratzt mit de Gabel uff'm Tisch rum. Beißzangeg'sicht. Mir gebe uns Müh, ihn zu ignoriere. Krampfhaft suche mer heitere G'sprächstheme, lache sogar, aber s'klingt arg nervös. S'isch erstaunlich, wie jemand, der kaum was macht, so präsent sei kann.

De Hauptgang kommt. „Wann geh'n mer endlich?", frogt de Lars zur Deck hoch. Mir sin beinah fertig mit Esse, do fallt'm ei, daß er doch Hunger hat. Heftige Diskussion zwische Doris un Tassilo, ob er noch was kriegt. An de umliegende Tisch sin d'Leut uff de Ausgang g'spannt. De Lars kriegt sei Lendesteak mit extra viel Pommes. Un e großes Pepsi. Un dann passiert's. Vielleicht hat er nix defür könne. Aber des isch zu dem Zeitpunkt nimme wichtig.

Mit'm Handrücke schmeißt er s'Glas um, wie er zum B'steck greife will. Die braune Brüh schwappt über de Teller un überschwemmt mit de Soß z'amme de halbe Tisch. Von der lang z'rückg'haltene Maulschell isch'm Lars die giftgrün g'färbte Stirnlock über d'Nas g'falle. Er laßt sei B'steck in de Teller falle un rennt raus. D'Doris hinnerher. „Spinn'sch du?", faucht se den arme Tassilo a. Der isch leicheblaß. Er müßt an d'Luft, sagt er. Beim Fortspringe schmeißt er en Stuhl um. Ich stell'n hoch. „Zahl'sch du mol, Fritz? Ich geb's dir drauße."

Ich sitz mit de Ruth wie uff're Theaterbühn. Ich wink de

Bedienung. Sofort steht se am Tisch. Hat sogar schon d'Rechnung g'macht. Ziemlich genau siebehunnert Francs. Des Geld seh ich nimme. In solche Situatione isch Geld Nebesach. Die verdrängt mer später un s'Bezahle glei mit. Egal jetzt. Hauptsach raus an d'Luft. Weg von de Öffentlichkait.

D'Doris hockt nebe'm Lars uff'me Zierfelse am Parkplatzrand. Sie hat ihren Arm um ihn g'legt un schüttelt beschwichtigend sei Schulter, straichelt ihm de Hinnerkopf. Den Tassilo, den arme Deufel, straichelt niemand. Es könnt sei, daß er's in dem Augeblick garnet vertrage hätt. Er sitzt im Wohnmobil, d'Händ am Lenkrad, un guckt stur gradaus, als müßt er durch en dichte Nebel fahre.

Zum Glück war d'Haimfahrt net lang. Halbe Stund. Niemand hat was g'schwätzt. Sie habe uns dehaim abg'setzt. Bei laufendem Motor. De Tassilo hat an sei'm Steuer mit de Schultere gezuckt. S'däd ihm laid. Ich hab abg'winkt. „S'isch in Ordnung. Kai Problem." Mei siebehunnert Francs sin mer ei'gfalle. Ich hab nix sage wolle.

S'isch dunkel. Ich sitz am Fenschter. Dort, wo de Dag a'gfange hat. Endlich Ruh. Abschalte. Ich trink noch e Glas Wein un guck aus'm Fenschter. D'Ruth hat ihre Schuh wegg'schleudert un sich uff d'Couch falle lasse. „Des garantier ich dir", sag ich, „am nächschte Sonndag geht's zeitig raus. E zügiges Frühstück. Dann an d'Luft. Nur du un ich. Bi'sch du a so fertig, Ruth?"

S' Ingding oder Gerundium

Bowling
Dancing
Petting
Bodybuilding
Fußballtraining
samstagmorgens
de Volkswage wasche
im Trainingsa'zug
des war früher
mei amerikanisches Weekend
mir war's Gerundium g'nug

heut
geh'n d'Leut Shopping
wenn se was kaufe
un wenn d'Straßebahn kommt
mache se e bißl Power Walking
weil s'Timing net stimmt
statt schneller zu laufe
wenn se freiwillig renne
mache se Jogging
im Joggingdress
die wandere nimme
mit Rucksack un Windjack
die mache Trekking am Sonntag
im Outdoor-Jacket
mit de Trekkinghos
sogar de Kopfsalat

braucht sei Dressing
schmeckt nimme
mit Essig un Öl
ohne Gerundiumsoß

d'Eva geht ins Rebirthing
d'Waltraud hat sich
beim Hausfraueturne
am G'nick verletzt
Verzeihung
beim Stretching
de Hals overstretched
de Fred fliegt stand by
zum Dumpingpreis in d'Domi
zum Diving un Surfing

de Erich grillt nimme
der macht Barbecueing
nach'm Business Meeting
mit de Marketingleut
er hat jetzt en Gasgrill
wege'm leichtere Handling

d'Gudrun macht Parachuting
ihr Rolf macht … Herrgott!
wie haißt denn des Jumping
mit dem Streßhormon pur?
wo mer so z'rückschnalzt
wie an Hoseträger
knapp über'm Bode
des Rebambling
oder Rebouncing
an de Gummischnur

de Heinz geht Free Climbing
sonntags in de Pfälzer Wald
zur Zeit humpelt er halt
nach'me saublöde Falling
alle mache was G'fährlichs
nur ich bin en Feigling
ich mach bloß Leasing
zahl mein Fun Car
bis zum Recycling
im Gerundium

alle wolle Easy Living
sin uff'm Getting More Trip
nur Hard Working will niemand
in dem fucking country
aber halt
fucking isch Partizip

De Alaska

6 Uhr 45. Ins Piepse vom Radiowecker dröhne die Glocke-schläg von Sankt Martin. De Herrgott isch beinah pünkt-lich, hängt nur e bißl hinnerher. Er nemmt's halt net so genau mit de Zeit. Der hat jo g'nug.

D'Weihnachtsdekoration vom Gewerbeverain brennt noch. Subventioniert von de Stadt, funzelt de Stern von Bethlehem durch de Nebel. Zwische'm Geldautomat von de Sparkass' un'm Sozialamt schaukelt er an'me Drahtsail über de Ludwigstraß im Wind. Es nieselt. Schnee oder Rege. Schätzungsweis um die null Grad. Ich steh in de Unnerhos am Fenschter un such mein zweite Socke.

Grad hab i geduscht mit Schwerpunkt unner de Achsel-höhle, aber ich riech, daß i dort scho widder schwitz. Des Deo taugt nix. Von wege Tropical Ecstasy un vierezwanzig Stunde. Kaum regt mer sich uff, weil mer en Socke net find, scho riecht mer widder nach sich. Wo bin ich zuletscht a'gezoge g'wese? Unner de Leselamp im Eck. Mit'm große Zeh drück i uff de Fußschalter un hab sofort im Licht en Schatte über de Auge. De Schatte vom Socke. Er hängt über'm Lampeschirm. Wieso des? Soweit ich mich erinnere kann, hab ich mich kurz nach Mitternacht relativ geordnet in mei Bett zurückgezoge. Aber für Nachforschunge bleibt jetzt kai Zeit. In're starke Stund muß ich in der Berufsschul in Karlsruh sei. Ich hab en Lesungstermin im Holztechni-kerkurs vom Lehrer Gärtner. Socke a'ziehe, d'Nachrichte ei'schalte, Kaffee mache.

Die Lesung in de Adventszeit an dere Schul hat beinah Tradition. Jedes Johr holt mich der Lehrer zur Auflockerung von sei'm Deutschunterricht, oder sogar zur Bereicherung, in sei'n jeweilige Holztechnikerkurs. Der Heinz Gärtner, ein Bild von'me hartg'sottene Achtesechziger, e wandelnde Verspottung von Trendshops un Modefrisöre, versteht halt was von Literatur.

Ich komm immer gern. Die Art Publikum liegt mir. Des sin kaine gedankebläßliche Tagebuchschreiber mit feuchte Händ, sondern bodeständige un zupackende junge Leut ohne Latinum un Handke-Erfahrung, dafür mit fertiger Berufsausbildung un nutzbarer Intelligenz. Die froge net: Entsteht Ihre Lyrik durch bewußte Selektion im Paradigma oder quasi eruptiv? Die lache un wolle wisse: Wie komme Se uff die Sprüch? Un manchmol wolle se Sache wisse, die ich selber gern wüßt. Zum Beispiel: Könne Sie von Ihre G'schichte un Gedichtle lebe? Dann sitz ich als lebender Beweis vor dere Tafel voller mathematische Formle un wünsch mich vor e Publikum, wo ich mich mit wohlklingende Wörter ei'neble un textimmanentes Zeug schwätze könnt. Des geht bei meine Holztechniker net. Die stehe mit ihre Bikerstiefel so mitte im Lebe, daß manche von de ältere schon verheiratet ware un Unnerhalt bezahle müsse. Mit so Leut komm ich klar.

Schullesunge sin für Schriftsteller immer e feine Sach. Es besteht Anwesenheitspflicht. S'Publikum muß komme un kann bis zum Schluß net fort. Außerdem wechsle die Klasse turnusmäßig. Mer kann jedes Johr s'Gleiche lese un bleibt doch originell. Nur die Lehrer kriege die Wiederholung mit. Die sin aber so froh, sich mol net vorbereite zu müsse, daß se die zwai Stund gern aushalte.

Wenn die Lesung diesjohr bloß net so verdammt früh wär. Um acht. Des isch kai literarische Zeit. De Schuhbändel reißt. Ausg'rechnet jetzt. Monatelang hat er g'halte un hätt von mir aus jeden Dag reiße könne. Im Schuhlade gegenüber hätt ich in aller Ruh Ersatzbändel gekauft.

Wenn ich d'Schuh bind, habe d'Geschäfte normalerweis offe. Vielleicht hab i zu fescht gezoge, weil mer ei'gfalle isch, daß ich jetzt noch drei Stunde in mei'm Bett liege könnt. In schöner Bewußtslosigkait un linkslagiger Embryostellung. Wenn ich am frühe Spätvormittag aus'm Haus geh, hat mich drauße noch niemand vermißt. Des G'fühl, daß ich morgens lang nirgends fehl, g'hört für mich zur Lebensqualität.

Ich bin nachtaktiv. Wie die Goldhamschter in de Tierhandlung Pechwisser in de Markgrafestraß. Ab un zu bleib ich vor dem Schaufenschter steh. Bei Tag rentiert sich s'Gucke kaum. Die Viecher habe sich verkroche, nur die Holzwoll bewegt sich. Aber nachts isch Hochbetrieb. Eine undurchschaubare, hirnwidrige Betriebsamkait. Wie verrückt trepple se in ihre Laufrädle rum, kullere raus, plumpse uff de Rücke un wusle ratteflink widder z'rück in ihr Tretmühl. Wenn's hell wird sin se natürlich kaputt. So hat halt jeder sei Zeit zum Trepple. Meine isch a nachts, un oft kommt bei dem G'schäft net mehr raus als beim Pechwisser seine Hamschter. Kürzlich hab ich beobachtet, wie er so e Viech am Schwanz aus'm Käfig g'holt un zum Mülleimer getrage hat. Des hat's nimme gepackt mit der Nachtschafferei. Mach langsam, hab ich mir vorg'nomme.

Ich zieh en braune Bändel in de schwarze Schuh. S'fallt net uff. Bei Lesunge isch s'Gsicht wichtig. Nur wenn's langweilig wird, fange d'Leut a, dem Autor uff d'Schuh zu gukke. So wird's hoffentlich net were. Ich lächel uff mehrere Arte immer e bißl annerscht in de Badspiegel. Nix zu mache, ich bin noch zu müd für'n Gsichtsausdruck. Ich muß ohne Ausstrahlung auskomme. Rumore im Bauch. Des a noch. Die Klopapierroll isch neu. Fünflagig mit rosarote Blümle. Die Roll hat kain A'fang. Meterlang laßt sich am Rand nur e hauchdünnes, schmales Fetzele abzupfe. Ich schnipfel mit de Nagelscher was weg. Nur mit de Ruh.

Grad will ich d'Zahnbürscht in de Mund stecke, do steigt mir en sportmedizinischer Geruch in d'Nas. Ätherische Öle. So riecht kai Zahnpaschta! Mobilat! „Herrgottnochmol, wie oft hab ich dem Lutz g'sagt, er soll sei Knochekickersalb nach'm Training net nebe die Zahnpaschtatub lege!", muß ich jetzt doch laut schimpfe. Viertel nach. Un ich kann des fette Zeug aus der Bürscht spüle, mir d'Pfote verbrühe. „Au! Ich hätt den scheißfrühe Termin net akzeptiere solle." – „Mit wem red'sch denn du die ganze Zeit, Gisbert?", kommt's vom Schlofzimmer. Ich verschreck, stoß e Haarspraydos um. Sämtliche Cremedösle, Parfümfläschle, de Becher mit de Wimpernzang un de Make-up-Pinsel klirre ins Waschbecke. Ich hör nackte Ferse über de Flur klopfe. Im Badmantel steht d'Maria in de Tür. „Jesses, wenn du aimol im Johr zu normale Zeite raus mu'sch! Ein Drama!" Sie kümmert sich mißmutig um de Kaffee. Ich richt mei Dichterschafftasch. D'Bücher, Manuskripte, Fisherman's Friend. Ich muß die 7Uhr30-Bahn kriege. S'könnt grad noch lange. Im Stehe Kaffee trinke. Ich empfind's als menscheunwürdig. Gott sei Dank isch des e Ausnahm. Dem Gärtner Heinz zulieb mach ich des. Sozusage aus poetischer Kulanz einem langjährigen Kunden gegenüber.

In're Riesepfütz am Zebrastraife spiegelt sich s'Rot von de Fußgängerampel. D'Autofahrer mache en Boge oder fahre langsam durch. Am Straßerand, am Ufer von dem Gewässer, sammelt sich e stattliches Bataillon von verschlofene Werktätige. Jeder hat's eilig, dorthie zu komme, wo er garnet sei will, ins G'schäft. Alle lauere uff des Signal zum A'griff. Ich schaff mich am rechte Flügel vor. Grün. S'erschte Glied marschiert los. En großer Schritt mit de Schuhspitz ins Wasser. In dem Moment packt mich wer am Arm. „Achtung! Der rast durch!" En Fanfarebrüller wie von'me Sattelschlepper. Ich spring von de Straß z'rück. Mitte in den Pulk Leut. Alles wogt z'rück, drängt panisch vom Straßerand weg, trampelt sich debei uff de Füß rum. Ich seh noch den olivfarbene Jeep. Hinner Scheibewischerspure e verrückt lachendes G'sicht unnere schwarze Kapp. Dann bleibt mer d'Luft weg. Alle japse gleichzeitig nach Luft. En eisig kalter Wasserschwapp schlagt uns vor d'Bäuch bis in d'Gsichter. En leerer Atemzug lang steh'n mer do, als seie mer g'schlosse mit uffg'spannte Schirm in e Brandungswell g'laufe. En junger Mann nebe mir guckt mich a wie durch Joghurtbecherböde. D'Brill zug'gspritzt. E elegante Frau trippelt verzweifelt im Krais un zupft an sich rum. En dicker Herr hat en Tropfe an de Nas hänge. Sei Krawatt klebt wie'n Fisch am hellblaue City-hemd. „Saubär!", brüllt er dene Rücklichter hinnerher. Jetzt geht e allgemaines G'schrai un G'schimpf in die Richtung los. „Rüpel!" – „Dreckhammel!" – „Wildsau!" – „Psychopath!" Ich schrei mit. „Du blöder Hund!" – „Das hat ein Nachspiel!" – „Der g'hört a'gezaigt!" – „Wie denn? Habe Sie d'Nummer g'seh?" D'Straßebahn kommt. Alle renne bei Rot drüber.

Ich steh stocksteif in dem überfüllte Großraumwage. Ich will so wenig wie möglich mei Hos von inne berühre. Des G'sicht hinner der Autoscheib fallt mer ei un wird deutlicher. Des Lache. Wie bei de Achterbahn, wenn de Karre von ganz obe ins Gefälle kippt. Beim Umsteige am Marktplatz quietscht's in de Schuh. D'Hos pappt an mir bis zum Gürtel. Die Nässe isch nur wärmer wore. Ekelhaft. Zum Glück sin d'Bücher un d'Manuskripte in de Tasch trocke gebliebe. Niemehr mach ich so'n frühe Termin aus. Berliner Platz. Drei Minute vor acht.

De Aufzug in der Schul isch für de Lehrkörper reserviert. Des frühmorgendliche Treppesteige unner Zeitdruck in de vierte Stock mit nasse Hose isch für en Raucher e Schinderei. Vor'm Lehrerzimmer streckt mir de Heinz d'Hand entgege. „Alle Jahre wieder", lacht er. „Wie geht's? Schnauf dich erschtmol aus. Bi'sch ins Wasser g'falle? Oder regnt's bei euch so?"

De Heinz. Sei kariertes Flanellhemd. Ausgebeulte Cord-
hose, d'Haar an de Seite bis zum Krage, obe stachelkurz
g'säbelt, individuell un ohne Zweifel selberg'macht. Er
steht genau so vor mir wie vor'me Johr. Nur de Gürtel
spannt widder e bißl straffer. En Jahresring mehr. Die Falte
vom vergangene Johr, die Lachfalte un die annere, sin
gebliebe, sehe bloß jedes Mol e winzige Spur endgültiger
aus. Mir freue uns immer, daß mer uns widder e Johr lang zu
unserm Vorteil kaum verändert habe. Bevor mer in de Raum
412 ei'schwenke, zupft mi de Heinz am Ärmel un steckt mer
e paar Schein in d'Tasch. Er sagt: „Daß des erledigt isch."
    Alles isch widder wunderschön vorberaitet. Es duftet
nach Kaffee, Kuche un Weihnachtsgebäck von Schüler-
fraue. Kerze brenne haimelige Löcher in d'Morgedämme-
rung. Tannezweigle. Uff'm Pult steht mei Flasch Wein in
G'schenkpapier. Wie jedes Johr bin ich völlig überrascht.
Dreißig Holztechniker mache en entspannte, angenehm
private Ei'druck. Sie pumpe Kaffee aus de große Wärm-
kann, kaue, lache un schwätze. Sie genieße sichtlich, daß
se mol was verzählt kriege, was se sofort vergesse dürfe.
Kain Prüfungsstoff.
    Ich sitz am Pult un blätter wichtig in meine Bücher un
Zettel. Dämpfig warm klebt d'Hos an meine Schenkel. De
Heinz klopft mit'm Kuli an sei halbvolles Sprudelglas, um
mit e paar einführende Worte die Veranstaltung ins Bewußt-
sein zu bringe. Viel sagt er net. Des Klopfe ans Glas hat
beinah länger gedauert.
    „Ruhe! Ruhe bitte! Herrschafte, s'geht los! Setze Se sich,
Herr Spörl, des könne Se nachher mache! Mir mache e
Paus. Silentium, Leut! Des gilt a für Sie, Herr Wollschläger!"
    Vor mir sitzt en dicker junger Mann mit're frischrote,
ländliche Backefarb. Er hat sein Marmorkuche so lang
ei'getunkt, daß'm die Hälft vor'm weit offene Mund ab-
brecht un in de Kaffee fallt. Gelächter. Ich muß mitlache.

Des isch so'n Typ, dem sowas öfter passiert, des sieht mer. De Heinz hält sei Glas hoch un hämmert so energisch, daß ich Angscht krieg, s'könnt kaputtgeh.

„Leut, mir habe heut en Dichter in unserer Mitte! Wenn Sie ihn zu Wort komme lasse, däd er gern was aus seine selberg'schriebene Bücher vorlese! Ich bin sicher, daß mir zwai vergnügliche Stunde mit ihm habe were. Wie g'sagt, mir mache zwischedurch e Paus. Für d'Raucher!", schreit er. S'wird ruhiger. Er dreht sich mir zu. „Lieber Gisbert, vorstelle kann'sch dich glei selber. Danke, daß du zu so früher Stunde zu uns gekomme bischt. Ich waiß, es isch net dei Zeit. Trotzdem bi'sch do. Dafür ha'sch du en Sonderapplaus von uns verdient!" Er klatscht. Es dauert e Weil, bis alle ihre Butterbrezle, Marmorkuche un Schneckenudle zwische d'Zähn klemme un mitklatsche. „Sin alle do, daß mer a'fange könne?", ruft er. „De Alaska fehlt noch!", kommt mehrstimmig d'Antwort aus'm Publikum. In dem Augeblick schlagt d'Tür uff.

Mit drei Schritt steht en baumlanger Kerl im Zimmer. Spitzige Cowboystiefel, verflickte Jeans, en speckige Parka mit Fell um d'Kapuz. En rotblonder Pferdeschwanz quillt buschig über de Verstellrieme von seiner schwarze Schildkapp. Vorne steht in Goldschrift: Alaska. Er laßt en mit Fuchsschwänz verzierte Lederrucksack von de Schulter rutsche. „Entschuldigung", sagt er zu mir, „kain Parkplatz kriegt." Er sucht mit wasserblaue Auge in'me runde Sommersprosseg'sicht nach'm Lehrer, der nebe de Tür sitzt. „Sorry, Herr Gärtner. Ehrlich, ich bin g'fahre wie d'Sau, aber …" Alles lacht. Nur de Heinz schnarrt e bißl ärgerlich: „Dann geht mer halt rechtzeitig dehaim fort! Jetzt mache Se net lang rum, Herr Sandhey. Suche Se sich en Platz!" De Alaska geht elastisch aus de Hüfte zwische de Bankraihe nach hinne, schlenkert sein Rucksack in d'Eck un zieht en Henkelbecher aus Blech raus. Dann schleicht er so parodistisch indianermäßig zur Kaffeekann, daß alle, sogar de Heinz, lache müsse. Endlich sitzt er. Ich kann a'fange.

Ich sag was über mich. Nur ganz kurz. Es kommt mir net wichtig vor. Viel fallt mer net zu mir un meiner Schriftstellerarbait ei. De Alaska bringt mi aus'm Konzept, rüttelt irgendwie an mei'm Berufsbild. Er hat sich's bequem g'macht. Mit de Cowboystiefel uff'm Tisch hängt er im Stuhl un überragt die annere trotzdem um en halbe Kopf. Er gähnt herzhaft, laßt sei Fingerknöchel knacke un guckt mit seine blaue Auge aus'm Fenschter in de Himmel.

Ich fang a vorzulese. Bewährte Ei'stiegstexte mit oft erprobter Publikumswirkung. Mit jedem Satz lockert sich d'Atmosphäre. S'wird g'lacht, spontan geklatscht. Erleichtert stelle meine Holzleut fescht, daß ich gar kain richtiger Dichter bin, wie se befürchtet habe. Daß se alles prima versteh'n un net andächtig gucke müsse. Was ich les klingt beinah so, als könnte sie des a sage. Sogar aus Versehe. Eine prima Stimmung in dem Klassezimmer. D'Kerze flakkere in de Dag, s'Neonlicht wird überflüssig. D'Hose trockne. De Alaska repariert die ganz Zeit mit're Flachzang sei Tabakdösle. Die Büchs fallt'm uff de Bode. Es scheppert. Beim zweite Mol platzt em Gärtner de Krage: „Herrgottnochmol, muß des grad jetzt sei, Sandhey?" Der entschuldigt sich: „Ich hör zu, ehrlich. Ich muß halt immer nebeher was mache. Mit de Händ." Er probiert, ob de Deckel schließt. Ich sag, daß ich noch en kurze Text vor de Paus les. De Alaska dreht Zigarette vor.

Mir stehe uff de Raucherterrass' hoch über de Stadt. Sie in'tressiere sich defür, was ich so im Monatsdurchschnitt verdien. Ob ich kranke- un renteversichert bin un was ich mach, wenn mir mol s'Material ausgeht, nix mehr ei'fallt. „Unbezahlter Urlaub", sag ich. De Alaska streckt mer e trompeteförmige, krumme Zigarett entgege. Er hat schwarze Fingernägel. Vielleicht Ölränder vom Schaffe an Motore. Wie er mir beim Feuergebe mit sei'm Zippo beinah de Bart abflämmt, glänzt an jedem Ölfinger en silberne Ring mit'me hellblaue Stai. G'färbtes Glas oder Lapislazuli. Häuptlingsköpf, Totemdämone, Adler un Büffel. Um sei Handg'lenk, dick wie mein Oberarm, tragt er e g'flochtenes Lederband mit bunte Perle. Indianerschmuck. „Von dem Stand uff'm Weihnachtsmarkt?", frog ich arglos. Ich wollt'n wirklich net belaidige. S'war nur so gedankelos rausg'schwätzt. „Aus Alaska", sagt er. An de Stadtkirch vorbei guckt er über mich weg zum weschtliche Horizont. Er laßt sei Zigarett falle, drückt se mit'm Stiefel aus un kickt se beiseit. Dann zieht er de Kopf ei un steigt durch die Terrassetür ins Gebäude. Er sei aigentlich en klasse Kumpel, de Sandhey, en prima Kerl, nur e bißl verrückt, sagt ainer. Also der däd Sache mache – de helle Wahn. Zum Beispiel seine sogenannte Spritztoure mit'm Auto. Des Splashing, wie er's nennt. Alle lache un schüttle d'Köpf. Ganz dicht könnt der Sandhey net sei. „Was isch los? Mache mer weiter?", ruft de Gärtner.

Im Alaska sei'm Gsicht seh ich jetzt deutlich des Achterbahnlache hinner de Autoscheib. Mei Hos kommt mir en Moment lang nasser un kälter vor. Spritztour. Splashing. Der spinnt wirklich. So ein blöder Hund. Ich derf garnet zu ihm hinnere gucke. Sonscht krieg i en Zorn. Er baut an sei'm Reißzeug rum. Schraubt was vom Zirkel weg.

Halb zehn. D'Zeit isch wie im Flug vergange. „Lieber Gisbert, ich glaub, du merk'sch selber, daß es uns Spaß g'macht hat", sagt de Heinz. Ich verbeug mich in'me warme Platzrege von Händklatsche un Bankklopfe vor meine diesjährige Holztechnikstudente. Sogar de Alaska legt sei Schraubezieherle weg un schlagt bedächtig langsam seine ringg'schmückte Ölpranke z'amme. So'n herzliche Applaus am frühe Morge isch e nahrhaftes Geräusch. En Seeleproviant, der de ganze Dag über beschwingt macht.

Schad, daß de Heinz diesmol kai Freistund hat. Traditionell trinke mer nach de Lesung immer noch e Bier z'amme. Im Café Blabla, so'me subkulturelle Saftlade in'me Hinnerhof ganz in de Näh. War früher e Werkstatt. Die große dreckige Scheibe sin gebliebe. Bei unserm trockene Abschied vor'm Lererzimmer nemme mer uns wie jedes Johr vor, daß mer uns endlich mol irgendwo privat treffe. Bei ihm. Oder bei mir. Vor de nächschte Lesung. Es hat noch nie geklappt. Aber daß mer uns des vornemme, g'hört aifach dezu.

Im Blabla herrscht e schläfrige Morgestimmung. In Gemütsruh wird d'Zeitung studiert un g'frühstückt. Niemand pressiert. Alles Leut, die erfolgreich kainer g'regelte Arbait nachgehe. Wie ich. S'isch zehne. Ich setz mich an en runde Tisch un hab Feierobend. G'nug g'schafft für heut. In de Dichtertasch steckt e Flasch Wein, im Hosesack s'Honorar, im Ohr hör ich noch de Applaus. Dreißig Holzwürm hab ich e Freud g'macht. Un de Dag liegt beinah jungfräulich vor mir. Mei Hos isch ziemlich trocke. Was will mer mehr? S'isch mer wurscht, ob's für e Bier noch zu früh isch. Bei dem, was ich heut noch vor hab, kann's nix schade. Ich trink Export aus de Flasch. Erschtmol en lange Zug uff mei Wohl. Jemand stupft mi uff d'Schulter. Ich guck steil hoch. Des stoppelbärtige Sonneg'sicht vom Alaska. Nach der Vorlesung hätt er kain Bock meh g'habt uff Gemainschaftskunde. Ob er sich dezu setze könnt. Nur für e Bier.

Mit seine Seewasserauge guckt er mich e Weil a, als sei ich e ganz komische Sort von Mensch. „Hm, hm, hm", brummt er. Er wiegt de Kopf, als müßt er was Schwieriges überlege. Dann sagt er: „Net schlecht, Ihr Vorlesung. Hab mir's langweiliger vorg'stellt. Wollt garnet komme. Dichterlesung! Aber doch, war okay. Paar starke Stories debei. Wo kriegt mer Ihre Bücher?" Ich freu mich un will's ihm scho sage, do winkt er mit sei'm Tabakdösle ab. „Net so wichtig. Die les ich dann sowieso net. Kai Zeit. Wenn ich les, dann

Fachbücher. Wege de Technikerprüfung. Oder im Englisch-
buch. Für Alaska."

Er dreht sich e Trompetezigarett. „Im Sommer hau ich
ab", sagt er. „Cheers!" Unsere Bierflasche stoße z'amme.
Sein Onkel hätt in North Pole e große Holzbaufirma. Im
vergangene Jahr sei er vier Woche dort g'wese. Er deutet
mit'm Finger uff sei Kappestirn. „Seither bin ich en totaler
Alaskafreak." Dicke Regetropfe schlage saubere Flecke in
die staubige Werkstattscheibe. Am Nebetisch kippt jemand
Schachfigure aus. E alternatives Zottelhundle steht uff,
streckt sich lang, gähnt un legt sich uff die anner Seit.

Was ihn an Alaska so fasziniert? Des könnt mer net so
erkläre. Mit z'ammegekniffene Auge späht er Richtung
Toilette, quasi ins Unendliche. „S'isch die Weite, d'Freihait
halt", sagt er. Debei streicht er mit seine indianisch verzierte
Motorbaschtlerhänd, s'Perlearmband über de Digitaluhr, e
grandiose Landschaft in die rauchige Luft vom Blabla.
„Unvorstellbar. Die Menscheleere. Hier gibt's viel zu viel
Leut. Spießer. Alles g'regelt un vorg'schriebe. Des Lebe
hier bringt's net." Er verzählt von de frühere Arbeitskolle-
ge in de Bauschreinerei. „Sportschaugucker, Häuslesbauer,
Stammtischhocker. Ab un zu uff d'Frau hopfe. Bißl Urlaub.
En Bierranze kriege un jede Woche de Tippschein ausfülle.
Des war's dann. Mit mir net!" Er hätt sich en ausrangierte
Bauwage umgebaut. Gashaizung. Isoliert. Einwandfrei.
Seit'me Johr wohnt er in Neurod uff'm Campingplatz. Ich
müßt doch nach Ettlinge? Er könnt mich mitnemme. Fahrt
er halt en klaine Umweg. Kai Problem. Er besteht druff, mei
Bier zu bezahle. „En arme Dichter unnerstütze", lacht er un
sagt glei hinnerher, des hätt er net so g'maint.

Sein verspachtelte Bundeswehrjeep hat er am Haltever-
botsschild schräg uff de Gehweg g'setzt. Unner'm Scheibe-
wischer klemmt en Strofzettel im wasserdichte Beutel. Beim
Ei'steige laßt er'n durch de Gullyschlitz falle.

Ich hab kaum Platz. Überall Werkzeug un Motortaile. Vorschlaghämmer, Äxt un Beile, e Kettesäg, Zylinderköpf, Schläuch, Kanischter un Kanne. In're offene Karamba-Büchs stecke Schraube im rote Fett. Ich hab' d'Füß uff'me Zementsack steh un sitz uff'me Strick mit Karabinerhake, mei Dichtertasch uff de Knie. Es stinkt nach Benzin un Schweröl. De Alaska drückt e Kassett. So Hillbilly-Zeug, amerikanische Schrammlmusik aus Pionierzeite. Mir rumple los. Ich hab sofort Bedenke wege meine Bandscheibe.

Nach're halbe Stund spring ich erleichtert uff feschten Ettlinger Bode. Mir zittere d'Knie. Net nur von de Kälte. De rechte Wademuskel hat sich von dem Bremsewolle ohne Pedal verkrampft. Alle gute Pfützeplätz in südlicher Richtung habe mir abgeklappert. „Mir bringe e bißle Lebe in die Figure. Here we go!", hat er beim Gasgebe g'schrie, s'Lenkrad ei'gschlage, de Fanfareknopf gedrückt. Un mit Karacho durchgebrettert. „Wow!" juchzt er in des scharfe, straffe Druckgeräusch unner de Raife. Es prasselt. Wie en Wasserstrahl, vom Kompressor über e Zeltplan g'jagt. „Guck doch! In de Rückspiegel! Wow! Fun! Jetzt isch hinne was los, hey!", hat er mir mit'm Elleboge in d'Rippe geboxt. Er hat mich geduzt. Des kommt beim Splashing automatisch.

Die erschte paar Mol hab ich mit weiße Knöchel de Haltegriff umspannt. Des hat er g'merkt. „Bloß Wasser. Nix Schlimmes, nur de Schreck", hat er mich beruhigt. Die Leut könnte heut obend wenigschtens mol was verzähle. Die seie nachher topfit. „Ich waiß", isch mer rausg'rutscht. Er hat g'sagt: „Morgens bringt's halt mehr. D'Leut reagiere besser."

Unser letschter Tatort war die Haltestell von heut morge. Nur uff de annere Seit. Mir habe Glück g'habt. S'war grad e Straßebahn mit Ausflügler a'komme. Im zwaite Gang sin mer langsam näherg'fahre. Ältere Leut, Schüler. Eine wunderschöne Wasserfläche. Alle habe sich vorsichtshalber en Meter von dem See wegg'halte. Es hat'ne net viel g'nützt. De Alaska hat gezögert. „S'isch aigentlich net mei Zielgrupp", hat er g'murmelt. Ich hab scho g'maint, daß er en Boge fahrt. „Wow!" Do rast er durch. Ohne Fanfaregeschmetter. Genau in de Sekund, wo d'Ampel uff Gelb schaltet, alle en Schritt vor mache. In de erschte Raih hätt er en Kontrolleur von de AVG entdeckt. Der hätt ihm in de vorige Woch sechzig Mark abgeknöpft. Wege Schwarzfahre.

Im Frühjohr hab ich de Alaska uff'm Neuroder Campingplatz besuche wolle. Es hat sich so ergebe. Ich war grad in de Gegend. An de Rezeption hab ich mich nach ihm erkundigt. Beim Name Sandhey wär de Platzwart beinah durchs Kioskfenschter g'sprunge. Der sei e Monatsmiete im Rückstand. Sei über Nacht aifach verschwunde un hätt ihm sein ganze Dreck dog'lasse. Der Mann schießt aus de Tür. Er zieht mich am Arm zu'me baumschattige Platz am Bach. „Gucke Se, hier! Laßt mir sein ganze Schrott z'rück!" Ich seh en buntbemalte Bauwage mit Spinnenetze an de Deichsel. E Schild. Tempo 30. E Trampolin. Vermutlich selber gebaut. Verschiedene Federe am Rand. Dicke Schwaißnäht. Im Kanvasstoff steht algegrünes Regewasser. E halbfertige Baumhütt. Net z'ammeg'nagelt. Verzapft. „Gute Arbeit", sag ich. „Sowas geht bei uns net. Wo käme mer denn hie, wenn jeder grad mache könnt, was er wollt?", jammert de Platzwart. Ob ich vielleicht wüßt, wo der Zigeuner sei?

Ich nick. „Ja. In North Pole. Alaska."

Stonewashed

Eisblockmäßig gucke
net mit de Wimper zucke
wenn dir so e Schöne
aus Guadeloupe
oder de Parallelklass'
in Mühlacker
am Gürtel spielt

net viel schwätze – mache
mit're Bärestimm
ab un zu okay sage
knallharte Sache bringe
de Jeanskrage hochschlage
mit de Händ im Hosesack
de Wrighley's langsam kaue
so im Mund rumschiebe
cool bleibe
stonewashed lache

noch'n Spritzer
Paco Rabanne
vom Vadder an de Hals
Camel Filter zwische d'Zähn
jetzt bi'sch echt
unwiderstehlich
saumäßig sinnlich
un schwer souverän

Was macht de Nachwuchs?

I.

Danke, der wachst
uns über de Kopf
un isch selte dehaim
ich seh'n bloß noch
esse
schlofe
fernseh
un telefoniere

II.

Lach net so blöd
s'isch zum Heule!
guck g'fälligscht runner
wenn ich mit dir schwätz!

III.

Hör zu, mein Freund
solang du noch d'Füß
unner unser'n Tisch …
Herrgott!
zieh se doch e bißl ei!

IV.

Mit Nachhilfe
in alle Fächer
hat er's gepackt

nur
für d'Verhaltensnot
habe mer niemand g'funne

V.
Wenn ich an dem Kerl
so von unne nach obe
langsam entlang guck
wie der sich entwickelt hat
kann ich bloß staune
mit fuffzehn
Schuhgröß 45
wie über Nacht
kai Zipfele meh
e richtig's Ding
in de Unnerhos
in de Mitte
wo de Walkman klemmt
wird der Kerl immer länger
un am obere End
wo s'Walkman-Kabel
aus de Ohre hängt
hofft mer halt
daß sich's entwickelt

VI.
Mir könne grad mache
was mer wolle
außer sei'm Taschegeld
nimmt er von uns nix meh a

VII.
Was isch denn mit dir los?
du bi'sch so g'sprächig
spül'sch s'Gschirr
trag'sch de Müll runner
du bi'sch überhaupt
so verdächtig nett
isch s'Taschegeld ausg'ange?

VIII.
D'Clarissa
knallt d'Tür zu
schließt sich ei
hört Kuschelrock
heult uff de Teddybär
un d'Barbie-Family
schluchzt
mutterherz-zerreißend
wie unglücklich
wie häßlich
sie doch sei
so ging se net mit
ins Landschulhaim

mit achtzig Mark
vom Haushaltsgeld
stöckelt d'Eva-Maria
daß d'Absätz knalle
in d'Parfümerie
den Kinnerkosmetik-
Pflegeset kaufe
von Oileli

IX.
Er hat alles g'habt
mir habe'm alles gezahlt
de Achtziger Führerschein
des Moped samt Versicherung
d'Steuer un sogar s'Benzin
den 486er Computer
s'elektronische Schlagzeug
Reiterferie
Tennisstunde
Skikurs un Cluburlaub
un kürzlich
Turnschuh für 300 Mark

der hat nie schaffe müsse
dem hat's an nix g'fehlt
mir habe'm alles gezahlt
un jetzt sowas!
des isch de Dank

X.
S'isch lang her
mir kommt's vor
als ob's geschtern
g'wese wär

dei Nas war grad
in Schlüssellochhöh
wollt'sch alles seh
rieche, schmecke
spüre, höre, wisse
ha'sch dich an meiner Hos
vom Küchebode hochgezoge

dir an meiner Gürtelschnall
de Posauneengelbacke g'risse
net schlimm – e Tröpfle Blut
ach Gott, war des e G'schrai!
hab's wie bei'me Schädelbruch
dick verbinde müsse
hab Zaubersprüchle g'murmelt
Blödsinn g'macht
un dann war's widder gut

heut steh'n mir baide
Aug in Aug
du bi'sch sogar
e viertels Köpfle größer
zwische dei'm Computertisch
un'm Bücherg'stell
du dreh'sch e Zigarett
mir schwätze beinah
so von Mann zu Mann
über deine Liebeskummerfäll
mit Zaubersprüchle
isch do nix meh z'mache

De Tagtraum vom Abstöpsle
oder de Vadder tilt

Für Peter Scheuble zum 50.

Im Haus rumsause
wie e g'stochene Sau
was im Weg liegt
aus'm Weg kicke
Ausknöpf drücke
Schalter umlege
Stecker rausreiße
abstöpsle
game over

d'Konte ufflöse
Daueraufträg kündige
s'Ambiente abbestelle
de Spiegel abbestelle
s'Wohnmobil verkaufe
d'Versicherunge auszahle lasse
de Bausparvertrag platze lasse
s'Geld in de Hosesack stopfe
aus Mahnunge Papierflieger baue
aifach nix meh zahle
alles pfände lasse

mit'm Allianzvertreter
e Zigarettle rauche
wenn er Zeit hat
mit'm Gerichtsvollzieher
e Schnäpsle trinke
wenn er's vertragt

dem Telekom-Mann
s'Telefon in d'Hand drücke
zehn Mark Trinkgeld spendiere
des Fax-Käschtle verschenke
de Cluburlaub storniere
länger fort wolle
d'Schuh binde
für en weitere Weg
alles nimme brauche müsse
nimme so viel kaufe solle
sei Ruh habe wolle

alle Fenschter uffreiße
de Vogel in d'Luft schmeiße
wo er hie'ghört
de Hund springe lasse
net in d'Auge gucke
d'Katz über de Zaun lüpfe
die soll Mäus fange
d'Frau nochmol an sich drücke
danke sage für's Aushalte
de Kinner an de Uni
noch g'schwind e Kärtle schreibe
viel Glück wünsche
sie seie g'fördert g'nug
mer sei ab morge
aifach nimme do

abstöpsle
game over
de Vadder tilt

Aussetzer

Herrgott
wie war denn des?

habe mir uns
damals im Mai
kennen- und lieben gelernt
oder
damals g'liebt
un dann kenneg'lernt?

Z'sammeg'rauft

Nach zwanzig Ehejohr
hätte mer uns beinah
aus purer Lebensfreud
e paar Mol getrennt
aber
s'wär natürlich scho
e Umstellung g'wese
jetzt warte mer halt
gemainsam uff's Happy-End

mir habe uns
immer widder
z'sammeg'rauft

sieht mer's arg?

Falls was wär

Für d'Mutter

Ha'sch Hunger?
was will'sch esse?
s'isch glei g'macht
ha'sch Durscht?
was mag'sch trinke?
s'isch alles im Haus
ha'sch alles?
brauch'sch was?

hoffentlich isch nix
s'wird doch nix sei
aber falls was wär
ha'sch g'nug Geld debei?
nemm die hunnert Mark
ich kann's doch mache
halt de Mund
steck se ei
net verliere

da, fünf Mark für Zigarette
un e Kärtle zum Telefoniere
falls was wär
s'muß jo nix sei
aber s'könnt was passiere

was könnt ich dir noch gebe?
nemm de Schirm mit
do trag'sch net schwer
un falls es net regn't
ha'sch wenigschtens was
für de Rege debei

möcht'sch wirklich fort?
bleib doch do
was will'sch denn dort?
laß dei Auto steh
nemm lieber de Zug
aber ich schwätz dir net nei
mach was d'will'sch
mit deine sechsevierzig Johr
bi'sch alt g'nug

G'schwätzt isch schnell

Guck, daß'd net flieg'sch. Lüpf dei Füß beim Laufe un heb die Schüssel grad! Sag i's net? Jetzt fahrt alles uff'm Bode rum! Schöne Sauerei!

Ach komm her, geh doch fort! Komm geh fort!

Bi'sch a do? Seid ihr a do? Bi'sch doch komme?

Ach, s'isch alles nix. S'isch überall was.

Des isch doch kai Wetter. S'isch die ganz Zeit scho kai Wetter für die Zeit g'wese.

Der Pullover beißt mi am Buckel.

Nemm de Teppich mit ins Bad.

S'isch vier Minute vor dreiviertel Fünf.

Für en Minirock hat se um d'Schenkel rum zu dicke Füß.

Guck mol, was dem aus de Guck guckt.

Will'sch Fußball gucke komme? – Ha'sch mich scho mol Fernseh seh g'seh?

Mach schnell langsam.

Könnt'sch net langsam schneller schaffe?

Ruf mir a, ob'd am Samstag schaffe helfe komme kann'sch.
Helfe schaffe komme kann'sch. Komme helfe schaffe
kann'sch. Ob'd net zum schaffe helfe komme wolle däd'sch.

Trag doch der Frau g'schwind d'Tasch helfe.

Wenn de E-Knopf brennt, sin mer im erschte Stock. Wenn
Se in de zwaite wolle, müsse Se uff 1 drücke, sonscht lande
Se im dritte.

Backpfeife? Ohrfeige? Lieber glei e Maulschell. Des isch
was recht's. Dann isch alles g'schwätzt.

Freikarte

Mei Tante putzt
bei'me Tenor
vom Staatstheater

un ich derf dauernd
ihre Freikarte
absitze

will'sch zwai
für de Mozart
am Samschdag
oder spielt
de KSC?

Feine Leut

De Frau Dr. Hupka
ihr Chihuahua
hat'n Drang verspürt
un nebe'm Coiffeur
vor de Confiserie
s'Trottoir fäkalisiert

de Professor Noske, Richter a. D.
war nach einer längeren Soirée
mit de Korporation im Badische Hof
in de Reaktion etwas retardiert
quasi zum Reintreten prädestilliert

er hat den Fauxpas
net ad hoc registriert
sonscht hätt er adäquat reagiert
un s'Exkrement eliminiert
respektive
an de Trottoirrand g'schmiert
un net in de Villa
de Perser makuliert

ihn hat's in der Nacht
bloß noch peripher tangiert
aber sei Frau hat's beim Frühstück
mit de Nas eruiert
un sich ziemlich echauffiert
über de Hupka ihren Chihuahua

So aifach

Ich könnt's net besser sage:

„Seit Jahren war sie auf der Suche
nach dem eigenen Ich.

Doch dann genügten zwei Stunden
beim Friseur."

(Werbespruch einer Haarkosmetik-Firma)

Prösterchen

Die lade uns nimme ei. Aber ich kann doch net mehr mache, als mich entschuldige un Salz druffkippe. Viel Salz. Un schnell muß es geh. Schnell viel Salz. Den Tip hab ich von de Großmutter Hedwig. Die hat in solche Fäll nur mit Salz g'schafft, und die Flecke sin beinahe immer ziemlich rausg'ange. Manchmol isch e Rändle gebliebe. Aber zu was hat mer denn die Sache, wenn nix dra'komme derf?

Wenn ich recht überleg, war's garnet mei Schuld. Es hat so komme müsse. Im Lauf des Obends bin ich immer nervöser un zappliger wore. Kai Wunder. Zaige uns die Wenzauers e Stund lang ihr Haus, vom Weinkeller bis unner die Dachgaube, bevor's en Bisse zu Esse gibt. Die hätte sich denke könne, daß en Mensch, der obends ei'glade isch, de Dag über nix eßt.

Dann des süße Zeug uff de leere Mage, den Begrüßungscocktail. Schampus mit so'me rote, pappiche Likör. „Prösterchen", hat sie g'sagt. Des Wort kann ich sowieso net leide. Prösterchen. Do streckt sich bei mir sofort de klaine Finger vom Glas weg. Ich denk do immer an ältere Dame mit'me Amarettoschwips. Vielleicht g'hört des heut zur gepflegte Gaschtlichkait, daß mer erscht e bißl rumsteht mit so'me Cocktail in de Hand un Prösterchen sagt. Von mir aus. Wenn's dann in absehbarer Zeit was z'Esse gibt. E Vorspeis. Oder wenigschtens e paar Brezele. Daß mer e Grundlag hat.

Ich hab gedacht, ich hätt mi verhört. Kommt der Wenzauer nach der Hausbesichtigung uff die Idee, uns vor'm Esse noch den blöde Videofilm vorzuführe. „Nur ganz kurz", hat er versproche. Vieredreißig Minute genau hat des Filmle gedauert. Ich hab geguckt. Wie war de Titel? Ich glaub: Unser Dorfhaus aus dem 18. Jahrhundert. Phasen einer Renovierung. Juni 92 bis September 94. So ähnlich.

Mir hat de Mage geknurrt. Es hat sich a'ghört wie e Katz, die en Tierquäler brutal am Schwanz zieht. S'isch mir peinlich g'wese. Besonders an dene Stelle, wo der Film ohne Ton war. Sobald ich g'spürt hab, daß des Gejaule inwendig losgeht, hab ich en Huschteanfall vorgetäuscht. Aber des kann mer net dauernd mache. Sonscht denke die Leut, mer hätt's an de Lung un kriege Angscht vor Bazille. Manchmol hab ich schnell, um des Hungergeplärr zu übertöne, laute Froge zu dem Film g'stellt. Die Taktik hat sich später bitter g'rächt. De Wenzauer hat sich nämlich über mei In'tresse so g'freut, daß er sich jede Frog genau g'merkt hat. Un als der Film endlich fertig war, hat er alle ausführlich beantwortet. Debei sin'm Handwerkeranekdote ei'gfalle. Er hat verzählt, was alles schiefg'laufe isch. Inzwische könnte se drüber lache. Aber damals? Er hat uns Ratschläg gebe, was mir besser mache könnte, falls mir a mol so e altes Häusle kaufe sollte.

Ich hab mich g'wundert, daß die Frau nie in de Küch war. Die isch immer bei uns an dem Glastisch rumg'sesse. S'hat überhaupt net nach Esse g'roche. Sie wird was vorg'richtet habe. Kalte Platte oder Kanapees, hab ich überlegt. Mir wär alles recht g'wese. Leberkäs mit Spiegelai, Erbsesupp, en Ring Flaischwurscht, en Hamburger oder s'Esse uff Räder. Bloß bald.

Am Tischend, e gute Armlänge von mir weg, war e Schal mit g'salzene Erdnüß. Ich hab g'hofft, die Frau sagt, mir sollte uns doch bediene. Aber nix. Die Wenzauers ware so eifrig debei, uns ihre Umbauabenteuer farbig zu schildere, daß se des vergesse habe. Sie habe sich widersproche, sin sich ins Wort g'falle un hätte wege'me bestimmte Anschaffungsdatum beinah Streit kriegt. Er hat zum Beweis, daß er recht hat, en Ordner aus'm Schrank g'holt. Ich hab die Chance g'nützt. Unauffällig – ich hab's selber kaum g'merkt – hab ich mir en Erdnußkern g'nomme. Ich hab beiläufig un verhalte gekaut. Bei'me ainzelne Nüßle zwische de Zähn geht des ganz natürlich. De Finger vom Wenzauer hat uff en Stempel geklopft. „Na bitte. Hier steht's!" Er hat recht g'habt. Ich hab vier, fünf Nüß g'nomme. Beim Kaue hab ich de Blickkontakt mit de Gaschtgeber g'halte. Aus Höflichkait. Um zu zaige, daß i noch bei de Sach bin.

Du ha'sch nebe mir en rote Kopf kriegt, ich hab's g'merkt. Bei so Glasplatte kann mer unner'm Tisch net viel mache. Sonscht hätt'sch mir garantiert feschter in de Schenkel gepfetzt. Debei hätt'sch selber gern von dene Nüß g'esse. Du ha'sch dich net getraut.

Un die Wenzauers habe abwechselnd un gleichzeitig verzählt. Von'me italienische Schreiner, der ihne de Inneausbau g'macht hat. En Handwerker alten Schlages, zuverlässig, genau, redlich im Preis. Sein letschter Auftrag sei der begehbare Klaiderschrank g'wese, den mir vorhin g'seh hätte. Sie hätte unwahrscheinliches Glück g'habt. Kurz druff sei der Mann plötzlich g'storbe. Herzschlag mit sechzig.

Den Kamin dort hätt ihne en polnischer Maurer in Schwarzarbeit hochgezoge. Grob behauene Naturblöck. Kalkstein aus de Gegend. „Des macht Ihne heutzutag niemand meh." Un wenn, wär's net zu bezahle. Der Wladi hätt gern über de Durscht getrunke, aber g'schafft wie'n Gaul. Un flink, wenn er mol bei der Arbait war. Sie hätt'n weiterempfohle an e befreundetes Ehepaar. Um en Kniestock zu mauere. Dort sei der arme Deufel vom G'rüscht g'falle. Böse G'schicht. Net versichert. Nix. Der Kerl läg in de Reha-Klinik. Sie wollte ihn die ganz Zeit scho besuche. Querschnitt. „Stell dir vor, Gesine, der Unfall wär bei uns passiert", hat er halb zu ihr, halb in unsere Richtung g'sagt. Ich hab inzwische beherzter in die Erdnüß gegriffe un beinah normal gekaut.

Sie habe von Sonderanfertigunge nach aigene Entwürf un von Glückskäuf bei Trödler un Antiquitätehändler verzählt. Ob mir schon die Türklinke bewußt g'sehe hätte? Im Stil genau passend. Wege dene hätte se in de Ferie ländliche Departements in halb Frankreich abgeklappert. Oder die Kachle. Die Platte im Wintergarte. Den warme, südliche Ton. Erdig, urwüchsig, elementar irgendwie. Vor allem im Licht von de Abendsonn. Im hiesige Handel gäb's die net. Terrakotta aus Nordspanien. Also, was mache? Die Adreß von der Manufaktur aus'm „Schöner Wohnen" besorgt. In de Oschterferie nach San Pedro Pescador g'fahre. E Spedition beauftragt. „Schätze Se mol, was mir für de Quadratmeter bezahlt habe?", hat er g'sagt. Ich hab e ehrlich ratloses G'sicht g'macht. „Keine Ahnung." Er hat seiner Frau zug'lächelt un g'sagt: „Des kann mer niemand sage. Ein Schweinegeld!" Sie seie halt baide in die Bodekachle so verliebt g'wese, hat sie g'haucht. Ich hab wie'n Aff mit vier Finger die Erdnußschal leer gegriffe. E paar Kernle sin uff de Bode g'falle. „Ach ja, bedienen Sie sich nur!", hat sie g'rufe. „Aber wie ich sehe, sind Sie schon so frei gewesen."

Mir hat's scho nach der Hausbesichtigung g'langt. Dauernd andächtig zuhöre un beeindruckt aussehe. Staune un anerkennend nicke solle. Sich sage lasse, wie selte, schwer zu kriege, schön, unersetzlich un teuer dies un jenes sei. Wie soll mer sich zwische so wertvolle Sache unbefange bewege? Ich hab nur noch an Preise denke müsse un Angscht g'habt, daß ich irgendwas kaputt mach, des es nachher nie mehr gibt.

Der Wenzauer hat mir mit sei'm Tick an de Nerve gezerrt. Laufend hab ich schätze müsse, was Umbaute, Mischbatterie, Bewegungsmelder, elektrische Jalousie un Fußbodehaizunge koschte. Sei hartnäckiges: „Sage Se doch aifach mol en Preis!" Ich hab für mein G'schmack immer extra hoch gegriffe, daß er sich freut. Aber jedesmol hat er g'lacht: „Schön wär's!" Oder: „Hänge Se noch e Null dra!" Ich hab's nimme höre könne.

Sie hätt e Klainigkeit vorbereitet. Ob wir ins Speisezimmer wechsle könnte, hat sie endlich g'sagt. Für mich war's zu spät. Ich hab mich dermaße unwohl in meiner Haut g'fühlt. Am liebschte wär ich mit dir in're stinknormale Wirtschaft mit karierte Tischdecke g'sesse. Wachsblume im Woolworth-Väsle un d'Maggiflasch uff'm Tisch.

D'Frau Wenzauer isch uns vorausg'ange in en stilmöblierte Raum im Kerzelicht. Glasvitrine mit Porzellan. Ölbilder von Landschafte un Jagdszene. Dezwische moderne Originalgrafik. En wunderschön gedeckter Tisch. Tafelsilber, spitze Leineserviette, verschnörkelte Leuchter. Von irgendwoher klassische Musik, Klavier, grad, daß mer's noch g'hört hat. En Augeblick lang isch's mir vorkomme, als sei ich bei're Schloßbesichtigung oder im Museum über die weinrote Samtkordel g'stiege. „Unser Empire-Zimmer. Alles aus England", hat sie erklärt. Nur de Teppich sei von'me befreundete un inzwische bekannte Textildesigner. „Ulf Urbanitz. Schon mal gehört?"

„Nemme Se doch Platz", hat er g'sagt. Sie habe baide plötzlich viel leiser g'redet als vorher. Er hat e staubige Flasch vor meine Auge gedreht un an'me schimmlige Korke g'schnuppert. „Aus meiner Schatzkammer. Des isch en 78er Nuits-St-Georges. Schätze Se mol, was …" Sie hat'n unnerbroche. Er hat sich e starkes Fingerhütle voll ei'gschenkt un im Stehe probiert. Ich glaub, en Maskebildner hätt sei helle Freud an dem Mann g'habt. Für Sekunde verwandelt sich de Wenzauer. Des Tröpfle Wein knetet sei G'sicht.

Er schlürft, schlotzt, schielt zur Deck. Druckvoll spült er des Schlückle im Mund rum, schiebt de Unnerkiefer vor, läßt den Wein durch d'Zähn sprudle, quetscht'n gege de Gaume. Er schließt d'Auge. Bei z'ammegepreßte Lippe läppert er mit

97

de Zung, schnauft debei heftig durch d'Naselöcher, ventiliert. Er schmatzt, schlotzt, schnüffelt, gurgelt leis un schnorchelt. Dann Stille. Nur Brahms im Hinnergrund. Er steht reglos, leicht gebeugt. So starrt er en Moment konzentriert uff'n Punkt am Bode. Vorne im Mund laßt er des Weinle z'ammelaufe un e bißl g'schmacksentfaltend steh. Er pumpt sachte, dann kräftiger mit de Backe, laßt se flattere, saugt se in de Mund, daß es seitlich zwai tiefe Delle zieht, bläht se uff un wackelt mit'm Kopf, damit der Rebesaft jo überall rumschwappt. Er spitzt d'Lippe zu'me Spundlöchle, reißt se mit 'me überwältigte „Aaaah!" zum Froschmaul un sieht plötzlich widder aus wie vorher. „Exzellent", sagt er. Er wirkt erschöpft vom Probiere.

Die linke Hand uff'm Rücke, als sei er net bei sich dehaim, sondern Kellner in'me vornehme Lokal, geht er um de Tisch. Er schenkt gleichmäßig jedem zwai Finger hoch ei.

Ich war innerlich am Platze. Ich hätt'n gern am Handg'lenk gepackt un ihm die Flasch g'führt. Kerl, mach voll, hätt ich gern g'sagt, wenn der Wein gut isch, kann en großer Schluck nix schade! Überhaupt, was soll der ganze feierliche Budezauber? Stell den Brahms ab! Laß uns normal trinke, esse, schwätze, lache un laut sei!

De Wenzauer hat umständlich e weiße Serviett um den Flaschehals g'fältelt. Uff de obere Teller liegt en gallertartiger Würfel, net viel größer als e Ripple Schoklad, in'me Soßekleks. „Ein Amüs Göl", lächelt d'Frau Wenzauer gegeüber, „en Appetitanreger". Als hätt ich des gebraucht. S'hat ausg'seh wie e Schnipfele Schwartemage oder Sülz. Klar, des war's net. Wird was Besseres g'wese sei. Zum Versuche sin mer nimme komme.

Ich bewunder die Gläser. Feing'schliffene, hauchzarte Kelchgläser mit lange, bleistiftdünne Stiel. Sicher net billig. Womöglich unersetzlich.

Endlich hat de Wenzauer sei Fläschle soweit dekoriert,

daß des Serviettle nimme vom Flaschehals fallt. Ich rutsch uff dem Holzbock von Stuhl hin un her. Bequem seie se net, erklärt sie, aber sie hätte halt wahnsinnig gut zum Stil gepaßt. Prima, denk ich, un d'Gäscht solle dann, bloß weil's so schön un stilvoll aussieht, stundelang uff sowas rumhocke. Er, des hat natürlich komme müsse, sagt, für's Beziehe mit Originalstoff, Seide, hätte se ein Schweinegeld bezahlt. Ich zuck hoch. Guck zwische meine Schenkel runner uff den Stoff. Ich will wenigschtens wisse, uff was ich so teuer schlecht sitz. Jetzt höre mer Tafelmusik aus de Renaissance. Eine wunderbare Musik sei des. Ideal beim Esse.

„Stoßen wir doch mal an!", schlagt sie vor. Ich bin fahrig. Mei Hand zittert. Wie ich nach'm Glas greife will, wird's immer schlimmer. Wie e Schüttellähmung. Ich denk noch, laß des Glas steh! S'geht net gut. Pack's mit baide Händ! Net daß'd die Tulp verdrück'sch! Der Stengel könnt breche. Ich waiß nimme genau, wie's passiert isch. S'isch blitzschnell g'ange. Ich greif vor wie e Nervebündel. Ich hör ihr „Prösterchen!" Es klirrt un spritzt. Alle habe bloß noch den Glasstengel in de Händ. „Salz! Schnell!" schrei ich un schraub scho de Saltzstreuer uff. Gaischtesgegewärtig. Die Frau sitzt brettsteif do. Wie uff'm elektrische Stuhl, d'Finger ins Tischtuch verkrallt. Er isch mitsamt Stuhl z'rückg'schnalzt, zupft sei Krawatt vom Hemd un guckt an sich runner. Ich streu Salz über's Tischtuch, en Stuhlbezug un den Urbanitz-Teppich. Ich schütt alles zu un verreib des Salz, um zu rette, was zu rette isch. Sie kann mit dem G'schäft anscheinend nix a'fange. Ihr Kopf fallt gege sei Schulter. Ich glaub, sie isch sogar kurz ohnmächtig g'wese. Dann hat er de Arm um sie g'legt. Ganz behutsam hat er sie aus'm Zimmer g'führt. Wie betäubt isch se mitg'ange. Sie habe net uff meine Entschuldigunge un Schadenersatz-Versprechunge reagiert. Vielleicht gut so. Bis jetzt isch kai Rechnung komme.

Er isch lang weggebliebe, de Wenzauer. Bei Renaissancemusik im Kerzeschein habe mer g'wartet. E bißl ratlos. In mei'm Teller mit dem Amüs Göl war en Scherbe. Des Salz hat sich rosa verfärbt. Ich hätt mehr brauche könne. Also Rotweinflecke sin übel. Des waiß ich von der Oma Hedwig. Könnt doch sei, daß e paar Rändle bleibe. Uff de Bezüg un uff'm Teppich hab ich noch klaine Spritzer ohne Salz entdeckt. Mir überlege, ob mer aifach die Kerze ausblose un gehe solle.

Endlich isch er erschiene. Sei Frau ließ sich entschuldige. Sie hätt en Migränea'fall kriegt un sich z'rückgezoge. Ich hab nochmol mei Bedauern über des Mißg'schick ausgedrückt. „Schon gut", hat er matt ab'gwinkt un uns zur Tür beglaitet. Ich muß sage, der Wenzauer hat Haltung gezaigt. Hätt ich'm net zugetraut. Sogar e gute Haimfahrt hat er uns g'wünscht.

Nur als ich g'sagt hab: „Danke nochmol für die Ei'ladung. Mir revanchiere uns", isch er e bißl z'sammegezuckt un blaß wore.

Rambo

Aus, Rambo! Aus! Hierher! – Nur kai Angscht, der macht
nix. Normal beißt der net. – Was isch'n des, Rambo? Fuß!
Sitz! Brav. – Im Grund isch der völlig harmlos. Sie dürfe nur
net zaige, daß Se Angscht habe. Des merkt der sofort. Schon
wenn jemand unkontrolliert schwitzt. Gehe Se völlig normal weiter. – Platz, Rambo! Runner! Der Mann will nur
vorbei. – Normal weitergeh, hab i doch g'sagt. Net schneller were, womöglich springe. Aus jetzt, Rambo! Platz! Was
soll des Knurre? – Also jeder Hund hat en Jagdinstinkt.
Wenn Sie renne, were Se für ihn sozusage zum Has. Dann
kann ich für nix garantiere. Ob ich'n dann noch halte kann,
waiß i net. So'n Kerl hat eine unglaubliche Kraft. Un Sie
könne mir glaube, der isch schneller als Sie. Do hätte Se
kai Chance. – Aber jetzt isch Ruh, Rambo! Sonscht wird
s'Herrle bös. – Gehe Se weiter. Nur zu. Ganz locker. Sie
sin jo beinah vorbei. Ich hab'n am Halsband. Bloß net renne. Dann kann an sich nix passiere – Herrgottsack! Halt!
Rambo! Runner uff de Bode! So, zack! Jetzt gibt's aber!
Derf mer denn des? Uff d'Leut losgeh! Zack! Jetzt isch
s'Herrle sauer. Bei Fuß! Kain Mucks mehr. Un nimme
g'rührt! Sonscht kommt d'Leine. – Sowas. Hat er Sie verwischt? Am Arm? Nur gezwickt. Gott sei Dank. Ich hab's
jo g'sagt, sowas macht er net, fescht zuschnappe. De Man-
telärmel hat e bißle was, aber des war schon, gell. Habe mer
Glück g'habt. Wenn der so richtig zugebisse hätt, wie er
könnt, wär de Knoche durch. Habe Se seine Zähn mol
g'seh? Sie habe en Fehler g'macht. Sie hätte'm net direkt
in d'Auge gucke dürfe. Des derf mer bei'me Hund nie

mache. Sonscht kriegt er Angscht. Un wird fuchsteufels... – Rambo! Jetzt langt's! Der Mann will dir nix mache. – Mir sin natürlich versichert. Do ware mer schon froh drum. Jesses, Sie sin jo ganz blaß. Kai Sorg. Ich halt'n fescht, bis Sie weit genug weg sin. Aber langsam. Un net rumdrehe. Nix für ungut. Noch en schöne Spaziergang.

Guck mol, wie der geht. Dem habe mer en schöne Schreck ei'gjagt, dem Hosescheißer. Des wittere mir sofort, wenn ainer Angscht hat, gell Rambo.

Wenn mer so rumsteht

Für Peter Lober

Herrgott, ich waiß
s'gibt kai Entschuldigung

mitte im Zeremoniell
beim schöne Harfespiel
wo's grad so feierlich war
daß i beinah g'heult hätt
hab i fortspringe müsse
zu'me Fernsehtermin
ausg'rechnt
bei deiner Beerdigung
s'gibt kai Entschuldigung

typisch, hör ich dich sage
unser badischer Dichter
Hans Dampf in alle Gasse
als Everybody's Darling
Wörterclown un Lachpoet
in de Provinz rumhopfe
vor jedem Hasebockerpublikum
sei allseits so beliebtes
Mundartdichterfürzle lasse
sein mittelscharfe Senf
in jedem Kneipesaal vertropfe

oh, du hätt'sch mit mir
e wortgewaltig's Hühnle g'rupft
dein dicker Vorwurfsfinger
hätt mir über d'Ouzogläser
über d'Olive un de Ziegekäs
zwische d'Auge g'stupft
ich hätt ernscht geguckt
dir nochmol ei'gschenkt
un uff dei Lache g'lauert
du war'sch mir nie lang bös

später bin i nochmol komme
aus dem laute Stadtgedränge
mit fünf rote Nelke
aus'm Automat
für e Zigarettelänge
an dei'm Grab
d'Friedhofsgärtner
habe scho gepfiffe
un ihre Tasche g'schlenkert
s'war Feierobendzeit
un beinah nacht

lang bin i net gebliebe
mer friert halt
wenn mer so rumsteht
unner'm leere Himmel
träneblind
de Amsle zuguckt
un nix macht

So e Glück!

Ich häng an dir
du häng'sch an mir
mir hänge an uns
wie am Stück
will ainer fort
macht sich de anner schwer
s'geht net vor
un net zurück
mir hänge an uns
so e Glück!

De badische Toleranzfrühschoppe

Halb zwölf? Noch e Viertel, Elke. Als Aperitif zum Middag-esse. Des isch badische Lebensart, unser Savoir-vivre. Des muß mer g'wöhnt sei, sonscht überlebt mer's net.

Weil mer's ebe devo g'habt habe. Ich bin en gutmütige Kerl. Mit mir kann mer schwätze. Ich hab noch nie Probleme g'habt mit meiner Toleranz. Annere vielleicht. Des isch mir egal. Ich net. Bis mir mol de Geduldsfade reißt, muß viel passiere. Aber wenn, dann isch was los! Dann kenn ich mich nimme. Des muß net sei. Aber des dauert. Ich bin Badener. Ich guck lang zu un sag nix.

De badische Mensch isch von Natur aus tolerant un liberal. Des sin traditionelle Werte bei uns. Uff die sin mir stolz. Laisser-faire, laisser-aller, unser Wahlspruch. Ins Badische übersetzt: Laß se mache, was se wolle, des isch doch mir wurscht. Zum Wohl!

Was mit dene Werte im Dritte Reich war? Do isch mit unser'm Laisser-faire was schiefg'laufe. Toleranzdefekt, könnt mer sage. Mir habe halt die falsche Leut mache lasse, was se wolle. Weil jede annere Toleranz verbote war, habe mer uns halt für die erlaubte entschiede. Des kann scho vorkomme, wenn mer so gern tolerant isch. Un liberal? Des Wort hat's zwölf Johr lang überhaupt net gebe. Wie hätt mer's denn do sei solle?

Schlimme Zeit. Zum Glück hab ich se selber net erlebt. Johrgang 45. Wie ich uff d'Welt komme bin, ware alle widder badisch. Aber wie ich meine Landsleut ei'schätz, könne die domols u'möglich mit echter Begaischterung debei g'wese sei. Die habe bloß e bißl mitg'macht. Vermutlich sin se mit Leib un Seel immer e bißl Demokrat g'wese, habe sich des nur vorübergehend net a'merke lasse. De Badener taugt im Grund net zu Heldetum un Fanatismus. Er isch viel zu beschaide. Er will net uf'falle, spielt sich net gern in de Vordergrund.

Die Tugend der Bescheidenheit spür ich oft bei mir selber in ganz normale Alltagssituatione. Zum Beispiel, wenn irgendwo geklatscht wird. Im Theater, im Konzert oder bei politische Vera'staltunge. Ich klatsch immer gemäßigt mit. Aber nie als ainziger am A'fang. Ich wart, bis sich de Beifall solid a'hört. Dann bin ich debei. Als ainziger net klatsche, des isch net mei Sach. Sobald ich merk, daß de Applaus schwächer wird, hör ich rechtzeitig uff. Net daß nur noch ich dosteh un klatsch. Un alle gucke. Des wär mir peinlich. Ich bin de Klatscher in de Mitte vom Applaus. Ich klatsch liberal. D'Kirch im Dorf lasse. Alles mit Maß un Ziel. Badisches Understatement. Mehr sei, als scheine. Ob's stimmt oder net.

De Badener bleibt, modisch ausgedrückt, lang cool. Er isch sowieso dauernd freihaitlicher g'sinnt als sei Obrigkeit. Wenn er bloß net gleichzeitig sowas Loyales un G'setzestreues als Wesenszug hätt. Des isch en Zwiespalt. Aber mir wisse uns zu helfe. Statt bei Gelb über d'Ampel zu fahre, denke mer uns bei Rot drüber.

Net umsonscht haißt unser Stammeshymne „Die Gedanken sind frei". Jedenfalls bei dene Leut, die sich für gebildet halte. D'Lehrer singe des immer gern bei ihre Ausflüg im Omnibus uff de Haimfahrt. Mit feuchte Auge vor mühsam unnerdrückter Rührung. E schönes Lied. Mer kann's zeitlos ergriffe un trotzig singe. Zur Not laßt sich's mit'me harmlose G'sicht bei starker innerer Bewegung in Gedanke summe. Ganz unverbindlich. Des isch praktisch. Besonders für Leut, die e politische Ei'stellung von sich verlange, die se vorsichtshalber net laut sage wolle.

Ach ja, unser Badnerlied. S'wird immer beliebter. Bei alle mögliche Anläß wird's gemainschaftsstiftend gebrüllt. Vor Fußballspiele im Stadion. Über Dosebierfahne weg. Ganz inbrünschtig, wenn de KSC gege Stuttgart kämpft. Von Lokalpolitiker bei Heimattage un Trachtefeschte von hölzerne Ehretribüne runner zu de Stammesbrüder. In patriotischer Andachtshaltung, d'Händ an de Hosenaht, mit z'ammegepfetzte Arschbacke. S'isch kai Lied zum Singe. Aigentlich kann mer's nur brülle. Mit möglischt viele Leut z'amme. Neuerdings klimpert's sogar als Glockespiel von unserem Rathausturm. Mißtönig. Ihr hört's vielleicht gern. Des isch mir wurscht. Seid mer net bös, mir isch's aifach z'blöd. Wenn ich zufällig debei bin, wenn's grad g'sunge wird, mach i halt mit'm Mund e bißl mit. Daß ich aus Protescht ohne Ton sing, merkt außer mir kain Mensch. Soll ich wege so'me depperte Lied meine Landsleut s'patriotische Hochg'fühl versaue? In d'Supp spucke, wo se grad so gut schmeckt? Des lohnt sich doch net. So wichtig isch mir beinah nix, daß ich's demonschtrativ net mitmach. Also, wenn's bei'm Badener mol zur Totalverweigerung kommt, haißt's Vorsicht!

Ich sag nur 1848. Unser Lieblingsdatum. Do habe mer zum letschte Mol in die richtige Richtung losg'schlage. Nach obe. Aber wie!

Net vorsätzlich un kühl geplant. Des liegt uns net. Voll aus'm Affektstau raus. Vielleicht isch's deshalb so in d'Hos g'ange. Die „Badische Revolution" sage mir gern zu dem historische G'fühlsausbruch, sechzig Johr nach dere richtige Revolution in Frankreich. Bei uns braucht halt alles sei Zeit, bis es z'spät isch.

Revolution? Ich waiß net. Jedenfalls war's e Volkserhebung, die uns ähnlich sieht. Mit alle Haupt- un Nebedelikte. Von Landfriedensbruch, Rädelsführerei, Volksverhetzung, G'walt gege Sache un Persone, mit Widerstand gege die Staatsgewalt sowieso, bis zu grobem Unfug, öffentlichem Ärgernis un Ruhestörung. Bei uns wachst kain Robespierre. Die Sort Revolutionär richtet bloß Blutbäder a un liegt nachher selber drin. Mir sin mit unserem Hecker un Struve z'friede. Unsere Helde sin bloß Revoluzzer. Sympathisch verrückte Hitzköpf, Spinner mit verminderter Zurechnungsfähigkait, aber zur rechte Zeit.

De Badener isch de geborene verhinderte Umstürzler. Ich glaub, es wird bei kai'm annere Volksstamm so viel rumg'schimpft, was alles g'macht oder net g'macht g'hört, wie bei uns. Dauernd gärt's in de Leut. Der g'hört doch a'gezaigt. Des g'hört verbote. Do g'hört nei'gschlage. Dem g'hört de Arsch voll. Do g'hört was g'sagt. Der g'hört weg. Do g'hört was g'macht. Do hätt was g'macht g'hört. Des sage se, wenn's zu spät isch. Weil se mol widder nix g'macht habe. Mer könnt direkt von're badische „Do g'hört"-Wendung spreche. Solang mer die so oft hört, passiert nix. Manchmol isch's besser so. Wenn's haißt: Die g'höre doch alle ... wird's g'fährlich. Dann kann mer nur hoffe, daß es beim Schwätze bleibt.

Als Badener wurmt's mich e bißl, daß der Spielberg ausg'rechnet de Schwobe zu so'me hochkarätige Widerständler verholfe hat. Der paßt doch bei dene überhaupt net in d'Tradition. Scho de Schiller hat aus'm Württembergische rüber ins Badische flüchte müsse. Wo war denn die Uraufführung von seine „Räuber"? Doch net in Stuttgart. In Mannhaim! Was habe d'Schwobe mit'm Schubart g'macht? Isolationshaft uff'm Asperg. In unserem freihaitliche Klima hätt der seine Sache vorlese dürfe, garantiert. Der Oskar Schindler hätt besser in unser badische G'schichte gepaßt. Aber wenn mer recht guckt, hat er wahrscheinlich badische Vorfahre. Schindler. Klingt nach Schwarzwald.

E Achtel vertrag i noch, Elke. Un bring mer e Päckle Salzstange mit. Also über des dumme G'schwätz vom Brett-

schneider vorhin hab i mi scho saumäßig g'ärgert. Wenn i
net so'n friedlicher Zeitgenosse wär, ich hätt'm am liebschte
uff's Maul g'schlage. Viel hat net g'fehlt. E Glas Wein mehr,
un 's wär passiert. Aber er hat's g'merkt! Sonscht wär er net
so schnell verduftet. Kommt 's ganze Johr net zum Früh-
schoppe. Un dann maine, er müßt im „Badische Eck"
d'Leut a'schieße. Von wege ausländerfeindlich. So ein Rotz-
löffel! Der g'hört doch, studiert der net in Marburg
G'schichte oder sowas Brotloses? Noch naß hinner de
Ohre, aber s'Maul uffreiße. Mir was von Demokratie, von
Freihait un Toleranz verzähle wolle! Des Brettschneiderle!
    Du kenn'sch mich, Kurt. Mit mir kann mer Gäul stehle.
Von mir kann en Kumpel, des kann sogar en Ausländer sei,
s'letschte Hemd habe. Un mich bringt so leicht nix aus
mein're badische Seeleruh. Aber s'gibt so e paar Sache,
do kann i u'gmütlich were. Zum Beispiel, wenn ich des
G'fühl hab, mei Gutmütigkait wird mißbraucht, um mei
Toleranz auszunütze. Ich laß mir net gern mutwillig an de
Toleranzgrenz rumspiele. Karlsruh isch net Kinshasa. Mehr
hab i vorhin net sage wolle.
    Ich vergleich e Land immer mit'me internationale Hotel.
En multikultureller Betrieb. Gäscht aus aller Welt. So weit,
so gut. Des laßt sich nimme ändere. Des isch e Tatsach. Ich
kann demit lebe. Aber s'gibt halt e Hausordnung. Un die
bestimmt de Besitzer. Des sin immer noch mir. En Gascht
hat sich an die Regle zu halte. Der kann von mir aus mit'm
Turbänle oder mit're Spitzguck uff'm Kopf zum Esse
komme. Mir egal. Ich kann jo weggucke. Aber wenn i
zuviele von dene Kopfbedeckunge um mich rum seh, krieg
ich e komisch's G'fühl. Wo d'Überfremdung losgeht, hört de
Spaß uff. Wenn dann noch ainer maint, er müßt bei uns im
Speisesaal laut rülpse, weil des in dem Araberzelt, wo er
vielleicht herkommt, zum gute Ton g'hört, dann muß er
halt verdammtnochmol sei Persilköfferle packe un zu

dene Leut fahre, wo des Rülpse Brauch isch. Ich müßt mich dort genauso a'passe un in Gott's Name versuche, nach'm Esse höflichkaitshalber mei Bäuerle zu mache. Versteh'sch?

Neulich hab ich vom Fenschter aus e böse Schlägerei beobachtet. En Türk un en Kurde, vermut ich. Grad gegenüber, wo früher de Metzger Kunzmann war. Dort isch jetzt de „Bosporus-Grill". Im Schaufenschter säbelt ainer Kebab vom Spieß. Straßeverkauf. Hauptsächlich an Schüler. Drin sitze nur Männer, trinke Tee un spiele Karte. Scho am helle Vormiddag. Also ich wüßt gern, wann die schaffe. Im Vorbeigehe guck ich manchmol nei. Ventilator an de blaug'strichene Deck, noch die weiße Kachle vom Kunzmann, Resopalstühl, an de Wand e farbiges Bild vom Atatürk. In de Eck obe flimmert ewig de Fernseher. Neonlicht. Des isch dene ihr Art von G'mütlichkait. In Ordnung. Ich muß net drin sitze. Gott sei Dank. Solang ich als Deutscher noch im aigene Land meine Plätz hab, wo ich nach meiner Kultur esse, trinke un sitze kann, wie hier im „Eck", isch mir des egal. Nur, wieviel deutsche Wirtschafte gibt's denn in dere Stadt noch? Wo krieg ich noch en Sauerbrate oder e Rahmschnitzel un en g'scheite Wurschtsalat? Wo kann ich mich noch an en richtige Stammtisch setze, außer bei dir, Kurt? In're traditionell badische Gaschthausatmosphäre? Mit viel Holz un so Jagdtrophäe an de Wänd, ausg'stopfte Marder, Füchs un Vögel. Mir g'fallt des. Ich hock gern unner dem Wildsaukopf do obe. Des erinnert mich an mei Kindhait, wo ich mit meine Eltern sonndags esse war. Prost, Kurt! Elke, bring mer noch e Achtele.

Zu dere Keilerei. S'war an'me Mittwochobend. Mir ware grad am Veschpere. Habe nebebei a bißl in d'Tagesschau geguckt. Plötzlich ein Mordsgebrüll uff de Straß. E Weil habe mir zugeguckt. Wie Kampfhähn sin die uff sich los. Außerum en Haufe Landsleut. Die habe a scho an sich rumgezerrt. In mir isch plötzlich, ich waiß net wie, en Zorn hochg'stiege. Beinahe hätt ich aus'm Fenschter g'schrie, sie solle sich dehaim d'Schädel ei'schlage. Aber net in Deutschland vor unserem Fenschter. „Um Gott's Wille", hat mi mei Frau z'rückg'halte, „halt dich raus! Des geht uns doch nix a! Nachher merkt sich ainer dei G'sicht!"

Ich hab d'Polizei a'grufe un uff d'Uhr geguckt. Nach genau vier Minute un zwanzig Sekunde isch der grün-weiße Passat mit Blaulicht in des Getümmel g'rast. Ich hab g'maint, der überfahrt die ganz Bagage. Vier Beamte springe raus. Junge Bursche. Sie fuchtle glei mit de Schlagstöck rum un gucke dene Streithähn in d'Auge, wie Schiedsrichter mit rote Karte. Psychologisch g'schult, des merkt mer. Sie wolle anscheinend vermittle un schlichte. Es nützt nix. Ich ahn's schon. Ich hol schnell mei Fernglas aus'm Schrank. Mit ai'm Griff hab ich's. Ich hab Ordnung in meine Sache. Ich komm grad recht, um den Ei'satz zu verfolge.

Un der war hart. Ganz klar. Die sin voll dezwische gange. Aber die Verhältnismäßigkeit der Mittel war gewahrt. Einwandfrei. Soweit ich des beurteile kann als Laie. In so're Situation kann'sch net lang rumklöpfle, bätschle. Do helft nur Knüppel aus dem Sack. Ob Ausländer oder Deutsche. Ich glaub, des war dene in dem Moment egal. Ich hab kain Unnerschied erkenne könne. Gut. Wie soll i sage? Vielleicht ware se e bißl mehr bei de Sach. Aber ich könnt's net beschwöre, daß i was g'sehe hätt. Des sag ich bloß, weil der Brettschneider, der Dummschwätzer, vorhin so getönt hat, es gäb ausländerfeindliche un rechtsradikale Tendenze bei unserer Polizei. Auch im Badische. Des glaub ich erscht, wenn ich's seh. Un dann dauert's a noch Weil.

Jedenfalls war nach sechzig Sekunde Ruh. Ich hab s'Fernglas schärfer gedreht. Drei Türke oder Kurde sin in Handschelle mit blutige Köpf in de Notarztwage g'stiege. Anscheinend habe se sich vorübergehend widder vertrage.

Die Beamte habe rumtelefoniert, ihre Kappe vom Bode uff'glese un abgeklopft. „Die Polizei. Der Beruf. So interessant wie das Leben", les ich uff de Tür von dem Passat. En blöde Spruch in dem Moment.

Der Brettschneider geht mir net aus'm Schädel. Schreit der Rotzer: „Ihr Faschistepack!" un rennt raus. Bloß weil der Herbert so'n abg'schmackte Türkewitz verzählt hat. E schlimmere Belaidigung gibt's für mich net. Ich laß mir die Schell von dem Kerl net a'hänge. Der g'hört wege übler Nachrede gemainsam vom Stammtisch verklagt. Hat der überhaupt bezahlt?

Die Moschee im Enztal. So hat's a'gfange. Ich hab nur g'sagt, daß des spitzige Ding net in d'Landschaft paßt. Wenn ich des Minarett zwische dene Obstbäum hochsteche seh, muß ich immer an de Ludwig Uhland denke. „Droben stehet die Kapelle, schauet still ins Tal hinab …", hab ich schon als Volksschüler lerne müsse. Mit Minarett reimt sich des nimme. Do wird doch en heimatverbundener Mensch e bißl Wehmut äußere dürfe. Des hat mit Ausländerfeindlichkeit nix zu schaffe.

Derzeit wird in Mannhaim die Sultan Selim Moschee gebaut. Für zwotausendfünfhunnert Leut. Net als Mehrzweckgebäude, sondern nur als moslemisches Gotteshaus g'nützt. Die Bemerkung, zu sei'm zuständige Herrgöttle könnt mer a im Wohnzimmer bete, mit'm Rücke zum Rhein sei bei uns u'gfähr Blickrichtung Mekka, hätt sich de Erwin spare könne. Obwohl mer natürlich drüber streite kann, ob soviel Toleranz notwendig wär. Mer kann's a übertreibe. Des isch jo beinah aktive Toleranz. Die Dosis vertragt net jeder. Des badisch Liberale isch net gleichmäßig im Volkskörper vertailt.

Kürzlich isch mir was passiert, des hat mer zu denke gebe. Sonndagnachmiddags um drei, halb vier fahr ich doch immer in d'Stadt. Süße Stückle zum Kaffee kaufe. Im alte Café Stähle in de Rudolfstraß. Des gibt's noch. Links isch inzwische s'Büro von de Yol Havari, rechts, wo früher des Lode- un Trachtemodeg'schäft Hubertus war, isch jetzt des „Get in", die Drogeberatungsstell. Copyshops, Blue Movie, d'Gschäftsstell vom Ausländerbeirat, en Nacht-club, en alternative Kramlade. S'war mol e gute Wohnge-gend. Jetzt wohne überwiegend Ausländer un Studente dort.

Genau vor'm Café Stähle fahr ich in e Parklück. Glück g'habt. Ich komm mit mei'm Päckle Schwarzwälder Kirsch-tort un Obstkuche raus. S'Trottoir steht voll mit türkische Männer. Ich hab mich regelrecht durchzwänge müsse. Im aigene Land! Die habe palavert, ihre Perleschnür gezwir-belt un so anatolisch geguckt. Mit'm Rücke schubst mir ainer beinah mei Tortepäckle aus de Hand. Ich hab's grad noch ausbalanciere könne. De Schwaiß brecht mer aus. Schwarze Stoppelbartg'sichter, Schnauzer, Schiebermütze, Wollkappe, Knoblauchschwade. Ich mit meiner Schwarz-wälder Tort mittedurch. Zum Auto. In dem ganze Wörtersa-lat von Ülölü un Gölülim hör ich noch AOK un Krankaschei-na raus. Mir schießt de Blutdruck hoch. Ich steig in mein Omega, leg mit zittrige Händ des Tortepäckle uff de Bei-fahrersitz. Ich waiß garnet, was i hab, daß i so nervös bin. Ich schlag ei zum Ausparke. In dem Moment rollt en Transit vor d'Parklück. So, daß ich net rauskomm.

In aller Ruh klettert e ganze Sippschaft aus dem Auto. Fraue mit Kopftücher un graue Mäntel lüpfe klaine Kinner vom Schoß. Alte Männer schaffe sich mühsam raus, ziehe sich am Türrahme hoch, d'Gebetskette um de Daume g'hängt. Kartons mit Fladebrot, G'müs un annere Fressalie were von jüngere Leut ausg'lade un erschtmol uff d'Straß g'stellt. Ich koch innerlich. Ich drück uff d'Hup. De Fahrer, en junger Mann um die Zwanzig, guckt her. Er lächelt zur Entschuldigung, zieht debei d'Schultern hoch un winkt mit baide Handfläche sacht zur Straß. Immer mit de Ruh. Geduld.

Du, in dem Moment haut's mir d'Sicherung raus. Ich schlag mit de Fäuscht uff's Lenkrad. „Auf, ihr Kanake-g'sichter!", rutscht's mir raus. Ich verschreck, wie ich mich hör. Des Wort g'hört net zu mir. S'isch net mol in mei'm Denkwortschatz. Hab i g'maint.

Er laßt en Karton mit Lauchstengel falle. Ich kann grad noch de Scheibeheberknopf drücke. Mit zwai Schritt steht er am Auto. Er zerrt zuerscht am Türgriff. In letschter Sekund hab ich mit'm Daume verriegelt. „Warum sprichst du so?" schreit er drauße und trommelt gege 's Blech. „Los! Sag warum!" Des G'sicht hinner'm Glas. Wie verwandelt. Ins Böse verhext. En Mund, als hätt er e Messer in de Hand. So e dickes Kopftuchweible hängt sich an sei'n Arm. Will'n wegziehe. E junge, hübsche Frau kommt zu Hilf. Sie nemmt sein Kopf in d'Händ un zieht'n an ihren Hals. Sie isch blond. Blaue Auge, Sommersprosse uff de Nas. E Deutsche, ganz klar. Vielleicht sei Freundin. Oder d'Frau. „Sehan, tamam, tamam!", oder so ähnlich hat se g'rufe un sei G'sicht nah vor ihres gedreht. „Bitte, Sehan, bitte!"

Kurt, ich bin käsweis im Omega g'sesse. Wie in'me Pan-zer. Kain Landsmann von mir in de Näh. Nur Landsleut von dem. E panisches Überfremdungsg'fühl.

„Mensch, des hab i doch net so g'maint!", hab i g'schrie. Laut, daß er's jo drauße versteht. „Ehrlich, s'tut mir laid. Entschuldigung!" Er hat sich beruhigt. G'lächelt hat er net. Aber ich hab ihm a'gseh, daß ich d'Scheib wenig-schtens zwanzig Zentimeter runnerlasse kann. Grad weit genug, um ihm e Zigarett a'zubiete. Er hat mir e paar Sekunde lang in d'Auge geguckt. Dann hat er se g'nom-me. Ich hab d'Scheib ganz runnersurre lasse, daß ich'm Feuer gebe kann. Nach'm erschte Zug hab ich'm d'Hand hie'gstreckt. Nervös un fahrig, wie mer baide noch ware, habe mer uns gegeseitig d'Handg'lenke umklammert. „In Ordnung?" Er nickt. „Okay." S'war eine Erleichterung in dem Augeblick. Net bloß weil die Angscht, des Überfremdungsg'fühl plötzlich weg war. S'isch noch was anneres g'wese. Ich hab mi nach dem kurze Toleranzversage widder als badischer Mensch g'fühlt. Wie soll i sage? Ich hab meiner Vorstellung von mir widder entsproche.

Elke, komm! E Achtel pack i noch! Savoir-vivre. – Was haißt, s'isch Zwölfe! Middagesse? Bei uns wird g'esse, wenn ich haimkomm! In solche Sache hab ich meiner Sylvia Toleranz beigebrocht.

Schad um de Wein

Es gibt so Leut
die könne trinke
was se wolle
s'hat kain Wert

die mache
nach vier Viertel
immer noch
kain vernünftige Ei'druck

mit dene kann'sch dich
beim fünfte Glas
immer noch net
g'scheit unnerhalte

mit dene Leut
blamier'sch dich bloß
die lache kindisch
schwanke zum Klo
verpinkle sich d'Hos
un vergesse zu zahle

des isch doch kai Trinkerei
mit solche Leut
schad um de Wein

Beim Flurherrgott

Do häng'sch un guck'sch
so müd in d'Welt
Schmerzensmann aus Muschelkalk
schneeverweht dein Lendeschurz
Eiskruschte an de Knocheknie
de Wind saust wie'n Senseschnitt
über's kahlrasierte Feld
vergeht der Winter nie?

Moos wachst an deiner Wetterseit
um d'Niere
de Lanzestich isch gut vernarbt
dreihunnert Johr lang Wind
habe'n beinah ebe'gschliffe
s'Denkmalamt müßt mol
des Schlitzle tiefer zieh
des Elend renoviere
aber s'langt a so
wenn ich hochguck
kommt mer s'Friere

bißl dünn a'gezoge
für'n Gottessohn

mei Mantelhälfte
könnt ich dir hochschmeiße
hätt sogar e Taschemesser

zum Halbiere
wie der Sankt Sowieso
der Martin uff sei'm Roß
aber von obe runner
schmeißt sich's leichter
als von unne hoch
wer uff'm Gaul sitzt
der hat gut spendiere

en Hailiger bin i net
s'wär kai Karrier
in deiner Welt
do nemmt mer dir
wenn'd Pech ha'sch
die anner Mantelhälfte
die unnere mit'm Geld
a noch weg
un laßt dich z'rück
im Straßedreck
Platzwund am Kopf
halb krepiert
nach'm dritte Mol
hat's de hailigschte kapiert

aber wem sag ich des?
du tu'sch mir laid
so wie du aussieh'sch
wai'sch du B'schaid

in deiner Welt geht's zu
wie in'me Irrehaus
mit g'fährliche Patiente
ehrlich g'sagt
s'sieht net gut aus

s'wär Zeit für e Wunder
Muschelkalkfigur

in deine Kirche brenne d'Kerze
deine Schäfle bete rund um d'Uhr
halleluja im Schichtbetrieb
de alte Sensemann im Diplomatefrack
dei Kainsmal an de Ordensbruscht
hat Hochkonjunktur
un manchem junge Spritzer
blost de Sand in d'Naselöcher
de Bata kommt nach Beograd
als Brudermörderheld
im Leichesack

die Eltern were sich freue
daß se ihren Bu widder habe
wie sieh'sch du des?

sag was!
mach's Maul uff
du Heiland der Welt!

schon gut
Schmerzensmann
sieh'sch net aus
wie e Adreß
wo sich en Mensch
beschwere kann

unner uns
hat's bei de Schöpfung arg pressiert?
so schwungvoll a'gfange
dann d'Luscht verlore

am siebte Dag noch schnell
de Mensch z'ammegepfuscht
egal wie's weitergeht?
Hauptsach, der Kerl steht
uff zwai Füß?

ich will mich net
über dich luschtig mache
manchmol krieg i halt en Zorn
wenn ich dich hänge seh
so e rotzige Menschewut
zwische Heule un Lache

glaub'sch, uns geht's besser
bloß, weil mir dauernd seh'n
daß es dir schlecht geht?

un du will'sch uns erlöse
in de Ewigkait irgendwann?

s'isch gut g'maint
aber sei mer net bös
e früher's Datum
oder kain's
wär mer lieber g'wese

De Dreikäshoch

En bi-ba-bunter Hampelmann
zappelt an de Wand
über e Apfelbackeg'sicht
sin Gummischnürle g'spannt
mit Rassle un Kugle aus Holz
d'Eltern sin stolz
für net geplant
isch er prima geglückt

die ganz Verwandtschaft
kommt un wird kindisch
alle spiele verrückt
schneide Grimasse
guckguck – dada
ja wo isch er denn?
ja do isch er jo!
sie könne's net lasse
mit ihre dicke Finger
in sei Bäuchle zu stupfe
an sei'm Näsle zu zupfe
an seine Zeh wird gezwirbelt
er wird in d'Speckärm gezwickt
s'wird rumgekaschpert
de Aff wird g'spielt
un Blödsinn g'macht
bis er heult
oder lacht
hoppla, des Li-La-Lebe geht los

mit blöde G'sichter über'm Bett
mit'me Hampelmannshopser
in de Spagat
un'me Blechtrompetestoß

mer laßt'n in Ruh
freut sich un guckt zu
wie er buddhamäßig suckelt
schlotzt un nuckelt
mampft un trinkt
en Boge pinkelt
d'Windle verkackt
ach, mer hat den Zwerg so gern
daß er sogar gut riecht
wenn er stinkt

er lallt drollige Wörter
patscht voll in de Topf
mit Rahmspinat
verschluckt en Knopf
verspuckt Karottebrei
zieht s'Tischtuch runner
samt G'schirr debei
alles kaputt
s'wird fotografiert
video-dokumentiert
wo er krabbelt un kullert
gibt's e Mordssauerei
de Dreikäshoch gedeiht
dann wird's Zeit

de Clown wird erzoge
aus de Manege bugsiert
als Kampfmensch

für d'Arena dressiert
von Pädagoge
handlich verboge
er braucht e Religion
daß er im Lebe pariert
er braucht e Moral
daß er inne was spürt
sei Seel wird verstaut
in Krokodilpanzerhaut

d'Greifmuskulatur
wird trainiert
un die Stell im Hirn
wo de Mensch kalkuliert
er wollt net so sei
s'war net sei Natur
er hat sich lang g'wehrt
dann hat er's kapiert

de Dreikäshoch
hat Karriere g'macht
hat um sich gebisse
immer g'winne müsse
er hat nimme g'heult
un selte g'lacht
defür isch er net
nur irgendwer
er telefoniert im Benz
hinner sei'm Chauffeur
sei Wort hat G'wicht
er hat e paar Häuser
viel Geld uff de Bank
er hat bloß kai Zeit
un des Li-La-Lebe geht rum

wie'n Kampf
um s'Dreikäshoch-Imperium
dann wird der Millionewicht
zum letschte Mol krank

en Holzherrgott
hängt an de Wand
nebe'me Bibelspruch
über'm Trockepflaumeg'sicht
baumelt en Eisegriff
am Lederband
de Klinikfunk quäkt
Patientewunschprogramm
am Nachttischrand
sei Zähn im Becher
Gerbera vom Kiosk
e Telefon
des nimme schellt

in de Blechschublad
noch Credit-Cards
de Ehering
sei Armbanduhr
Made in Switzerland
e bißl Geld
paar Mark
für d'Schwestere
un s'Fachinger
s'langt
für de Abschied
von de Welt

hoppla, Dreikäshoch
mit'm Kleenex

in de Knochehand
du hasch's g'schafft
s'geht fort
ohne Gepäck
ins Jedermannsland

De Streß von de Meß

Geli! – Angelika!

Was isch denn?

Komm mol in d'Küch!

Geht net. Ich dusch grad!

Dann trockn' dich ab! S'isch wichtig!

Hat des net en Augeblick Zeit? Komm doch du ins Bad!

Geht net! Ich muß dir was zaige! Aber bitte, wenn's dir net wichtig isch.

Herrgott, wart, ich komm! – Was isch denn so furchtbar dringend? Jessesmaria! Wer hat denn die Schweinerei g'macht? De ganze Müll uff'm Bode verzettelt!

Ich! Aber net verzettelt, sondern sortiert. Sogar handverlese. Un des isch kai Schweinerei, sondern e Indiziesammlung!

Übertreib net, Volker. In de Eil kommt's mol vor, daß mer's mit dere Mülltrennung net so genau nemmt. Besonders die Junge.

Aber die Haarspraydos isch von dir. Hab ich zwische Salatblätter aus'm Leichtverpackungsmüll gezoge. En Sprengsatz unner de Spüle. Noch ordentlich was drin. Hier!

Hör doch uff! Komm, gib her. Ich entsorg's. Bevor mer in d'Luft fliege.

Mir isch's net zum Lache, Angelika! Des Umweltbewußtsein in de Familie isch traurig genug. Aber darum geht's jetzt net. Die Müllmoral isch sozusage nur e Nebedelikt. S'geht um d'Moral an sich. Dinge, die schwieriger zu entsorge sin.

Ich versteh kai Wort. Überhaupt, was schwätz'sch denn so g'schwolle? Isch was, Volker? Du bi'sch jo ganz blaß!

Mei G'sichtsfarb spielt jetzt kai Roll. Wo sin d'Kinner?

Wieso? De Jonas sitzt an sei'm Computer. D'Sarah isch mit ihrem derzeitige Schwarm, dem Gonzo aus de Parallelklass, obe in ihrem Zimmer. Back-Gammon spiele. Un Musik höre, hat se g'sagt.

So? Hat se g'sagt? Ich hör nix von dem Musikhöre. Ha'sch du mol geguckt, was die do obe im Dachjucheh treibe? Natürlich net.

Seit wann spioniere mir unsere Kinner hinnerher? Mir habe doch immer Vertraue g'habt, Volker.

Ja. G'habt! S'hat sich ausg'volkert mit'm Vertraue! De Lenin oder wer hat recht g'habt. Kontroll isch besser!

Mein Gott, wenn's dich beruhigt, geh ich hoch un werf en Kontrollblick …

Nix! Halt! Hiergebliebe! Niemand verläßt de Raum!

Jesses, Volker, was isch denn mit dir?

Mach d'Tür zu un setz di!

Wo denn? S'liegt doch überall Abfall rum.

Irgendwo. Von mir aus uff de Tisch. Etwas erhöht, versteh'sch? Wie en Tennisschiedsrichter. Wege'm bessere Überblick.

Horch, Volker, nach vier Dag uff dere Cebit-Meß isch klar, daß'd mit de Nerve fertig bi'sch. Du sollt'sch dich …

Was? Was sollt ich mich?

Dich ausruhe! Dich in d'Badwann lege, ausspanne. Statt in de Abfäll rumzuwühle wie e Ratt!

Den Vergleich verbitt ich mir, Angelika!

Entschuldigung. Dann halt wie'n Maulwurf. Ha'sch wirklich nix besseres zu schaffe?

Nein, leider nicht! Vorg'habt hab ich's net. S'isch kai schön's G'schäft. Zum Hobby möcht i's net mache. Aber dringende Verdachtsmomente …

Du schwätz'sch jo wie'n Staatsanwalt. Was ha'sch denn? Komm, zieh endlich d'Krawatt aus. Mach dir's bequem. Du bi'sch dehaim!

E sauberes Dehaim isch des! Wo im Müll Abgründ klaffe.

Ganz ruhig, Volker. Des sin d'Nerve. Kai Wunder. Komm, zieh die verschwitzte Sache aus. Leg di uff d'Couch. Ich hol dir de Badmantel un d'Hausschlappe.

Du hol'sch mir nix! Mir isch's im Moment net nach häuslicher Idylle. In korrekter Klaidung fühl ich mich wohler.

Dann leg di halt in Gott's Name im A'zug mit de Lackschühle uff d'Couch. Du kann'sch a noch dei G'schäftsköfferle unner de Arm klemme. Daß'd hunnertprozentig korrekt do lieg'sch.

Die bissige Bemerkunge kann'sch dir spare! Ich hab im Moment kain Sinn für Ironie. Überhaupt net!

Schon gut. Ich bring alles in Ordnung. Sortier des Chaos in die richtige Behälter z'rück. Vorschriftsmäßig getrennt, daß de Herr Müllwart zufriede sei Schläfle mache kann.

Hör uff in dem Ton mit mir zu rede! Des kann i jetzt net vertrage!

Übermorge isch LVP-Termin, am Mittwoch Naßmüll, grüne Tonn, Freitag Papier, de Sondermüll isch nächschte Woch, Schadstoffe were …

Halt! Händ weg! S'wird nix a'grührt!

Laß mi doch wenigschtens des Zeitungsgewurschtel …

Nix! Grad des net! Es bleibt alles wie's isch. Bis der Fall geklärt isch.

Wie? Was? Welcher Fall? Drück dich mol klar aus!

Bin debei. Also, s'hat ganz harmlos a'gfange. Ich pack mein Koffer aus. Entdeck e verbogenes Büroklämmerle un will's wegschmeiße.

In de LVP-Müll, richtig?

Genau. Dort seh ich zwai Pizzaschachtle un Plaschtiksalatschale vom Pizza-Express oder vom Fliegende Italiener. Hier, des sin se. Tomatesoß, Olivekern, Muschelschale. Net g'spült, geschweige denn abgetrockn't.

Des kann mol passiere. Gedankelosigkait.

So? Wann war des mit dere Gedankelosigkait?

Isch des wichtig? Wart, laß mi überlege. Des war – ich waiß es nimme.

Aber ich! Am Freidag! Ich war grad de zwaite Obend in Hannover.

Ah ja, richtig. Ich hab Pizza komme lasse. Was soll i groß koche, wenn du net do bi'sch? Un d'Kinner sin für Pizza immer zu habe. Aber woher wai'sch du, daß ...

In de Salatbrüh isch de Kassezettel g'schwomme. Hier, bitte. Freitag, 4.3., 46 Mark fuffzich. Pizza Marinara war's. Hat's de Kinner g'schmeckt?

Ich denk scho. Warum?

Esse die neuerdings Fisch? Tintefischärmle, Meerschnecke, Muschelzeug?

Soll des e Verhör sei, Volker?

Nein. Aber s'wird immer mehr zu're peinliche Befragung.

Dann mach's kurz! Ich frier. Ich hab nasse Haar. Außerdem wolle mer heut obend esse geh. Ich hab in de Markgrafestub en Tisch b'stellt.

Den kann'sch abbestelle. Mir isch de Appetit vergange.

Kann ich mir denke. Wenn du mit de Händ im Dreck rumschaufel'sch.

Zum Thema, Angelika! De Jonas war an dem Pizza-Freidag bei'me Kinnergeburtsdag. Ganz toll sei's g'wese. Er hätt sogar bei sei'm Kumpel übernachte dürfe, hat er verzählt.

Na und? Der Lutz isch e nettes Kind. Gutes Elternhaus. D'Frau Bermüller-Rhode isch Elternbeiratsvorsitzende. Er Rechtsanwalt. Dort kann mer unsern Jonas ohne Bedenke übernachte lasse.

Sicher. Nur die Pizza kann halt net für ihn g'wese sei.

Oh, mit dein're blöde Pizza!

Von der auch d'Sarah nix g'esse habe kann! Die war nämlich zur Tatzeit an dem Obend mit dem Gorgonzola im Kino. Dann in de Disco. Bis um halb zwei! Du hätt'sch

130

ihr ausnahmsweis so lang Ausgang gebe. Du sei'sch überhaupt strahlender Laune g'wese.

Ja verdammtnochmol, derf mer net mol gut uffg'legt sei? Un d'Sarah wird dieses Jahr siebzehn! Am nächschte Dag hat se kai Schul g'habt.

Du, die Sarah isch vergangenes Wocheend auch dieses Jahr siebzehn wore. Aber damals hat se noch um elf dehaim sei müsse!

Seit wann kümmer'sch du dich um d'Erziehung, Volker?

Komm mir net so, Geli! Net plötzlich de Spieß umdrehe wolle!

Oh, ich hab jetzt g'nug von dem Affetheater. Was soll denn des?

Vorläufig will ich nur wisse, wer die zwai Pizzas un...

Pizze, haißt des. Oder Pizzen. Mehrzahl!

Wer hat die Dinger und die Salätle g'esse?

Mensch, ich hab se halt bestellt, daß was im Haus isch! Du wai'sch doch, wie des isch. Wenn was do isch, wird's immer irgendwie g'esse. Do nemmt jeder mol en Bisse. Un plötzlich isch's weg.

Ja. Plötzlich weg. Möglichscht mit de Schachtel. Des wär dir jetzt recht, gell?

Ach Volker!

Nix ach Volker! Pizza Marinara. Für d'Kinner!

Des war e sprachliches Mißverständnis am Telefon. Margherita, hab i g'sagt. Marinara hat er verstanne. Hätt ich den arme Kerl z'rückschicke solle?

Wie ich dich kenn, hätt'sch du des g'macht.

Du kenn'sch mich halt net richtig. Außerdem war ich, wie die Ermittlungen ergeben haben, an jenem Abend auffällig guter Laune! Sonscht hätt ich des vielleicht g'macht.

Also gut. Du ha'sch net! Aber wer hat des Zeug g'futtert? Angelika, folgender Sachverhalt bis jetzt: Du bestell'sch ...

Du, ich hab jetzt g'nug von dem Zirkus, Volker! Wer bin ich denn?

Ich waiß es net. Unnerbrech mi net. Du bestell'sch Pizza Margherita. Der versteht Marinara. Übermittlungsfehler. Kommt vor. Aber um 23 Uhr 17? Hier de Ausdruck uff'm Kassebon! Daß was im Haus isch, sag'sch du. Betreibt mer neuerdings Vorratshaltung mitte in de Nacht? Wo's beim Aldi tagsüber G'frierpizza für drei Mark fuffzich gibt? Die habe mer doch sonscht immer.

Volker, ich hab net gekocht! Kai Luscht g'habt. Was soll ich mich an de Herd stelle, wenn du fort bi'sch? Aber mer muß net koche, um Hunger zu kriege!

Was will'sch demit sage?

Herrgott, um elfe hab i halt plötzlich G'lüschte kriegt uff Pizza! Un italienische Salat. Wenn schon, hab i gedacht, laß glei zwai Portione bringe. Für die Junge. Dann brauch'sch morge net glei was koche. Des kann'sch im Backofe warm mache. Ich hab grad zwai Eckle g'esse. De Rescht hab i ...

Wozu zwai Portione Salat? Zum Uffwärme? Oder in de Kühlschrank? Für de Samstag? Salat fallt z'amme! Des waiß sogar ich.

Hör zu, du wai'sch, daß ich schüssleweis Salat esse kann. Die zwai Portione hab ich selber g'esse. Zufriede, Herr Müllkommissar? Für de Jonas hab i am Samstag übrigens noch zwai Büchse Ravioli g'macht. Ha'sch die überseh? Sag bloß!

Nein. Do stehe se. Zum Trockne. Ich hab se g'spült. Vorhin. Als ich für sowas noch d'Nerve g'habt hab. Un hier! Styroporpalette. Mit Soßeg'schmier un Zwibbelring. Riech mol! Knoblauch.

Geh weg! Was soll des?

Hab ich aus de Kischt mit'm Altpapier gezoge. Leerg'spachtelt un aifach so über d'Schulter g'schmisse! Ex un hopp! Wie in Amerika drübe. Sag mol, wird bei uns, wenn ich fort bin, bloß noch aus Schachtle, Blechbüchse un Plaschtiknäpf g'fresse?

Sei net so ordinär, Volker! Des war so. Ich bin am Samstagobend mit de Annemarie im Konzert g'wese. Unser Abonnement im Brahmssaal. Übrigens, ein wunderbares Erlebnis. Großartig. Die Anne-Sophie Mutter hat s'Violinkonzert ...

Wahrscheinlich von Brahms g'spielt! D-dur! Ich waiß, daß die Frau gut geige kann! Net ablenke, bleib bei de Sach!

Jesses Gott, Volker! Was ha'sch denn? Also gut. Ich hab de Sarah natürlich net verbote, daß se mit ihrem Gonzo in de Wohnung bleibe derf. Soll ich die zwai uff d'Straß schicke? Sie wollte's sich dehaim g'mütlich mache. E bißl fernseh.

Back-Gammon spiele. Mensch-Ärgere-Dich-Nicht. Oder Mikado. Monopoly. Heilige Einfalt!

Wieso denn? Bevor die sich irgendwo rumtreibe! S'isch doch besser, sie sin dehaim. Do waiß mer, was se mache.

Des wai'sch du? Was se mache? Jetzt, do obe? Über unsere Köpf? Geli, s'gibt immer noch de Kuppeleiparagraph!

Volker, ich bitt dich! Hör uff mit dem Großmutterkram. Wann habe denn bittschön mir zwai a'gfange? Im Volkswage von dei'm Vadder uff'm Parkplatz. Also ich bin froh, daß die e bißl freier uff'wachse. Ich hab dene junge Leut Gyros vom Hellas spendiert. Die habe sich g'freut.

Des isch d'Hauptsach. Klar. Zu're g'scheite Orgie g'hört ein opulentes Mahl!

Spinn'sch du, Volker? Bitte komm, dreh jetzt net durch. Ich bring dir en Cognac. Du zitter'sch jo richtig. Des isch de Streß! Die Meß! Volker, s'geht so net weiter. Du mu'sch langsamer mache!

Ach was! Vor zwanzig Minute war ich zwar müd, aber ruhig wie'n Bergsee.

Komm, sitz in de Sessel. Ich hol dir en schöne Remy Martin. Oder en Williams?

Halt! Bleib! Des Corpus Delicti kommt erscht noch!

Was? Was kommt noch? Faß dich kurz. Ich möcht ins Bad, mich fertigmache.

Fertigmache! Des isch gut. Noch en Augeblick, dann brauch'sch deshalb nimme ins Bad.

Ich versteh kai Wort, Volker!

Wart's ab. Hör mir nur noch en Moment zu. Also, ich schmeiß des Büroklämmerle ...

Ja! In de LVP-Behälter, ich waiß! Bis zu dene Gyrosschachtle ha'sch alles verzählt. Schlamperei, ich geb's zu. Soll nimme vorkomme. Weiter. Ich hör. Inzwische räum ich die ...

Nix! Du bleib'sch sitze. Ich kürz des jetzt ab.

Des wär nett.

Also ich merk sofort – null Mülltrennung! Fieberzäpfle vom Jonas zwische de Kopfsalatblätter. Zu de Altmedikamente zwecks Rückgab in de Apothek. Dort e Zellophantüt mit drei, vier Gummibärle. Raus. Trenne. Des Gückle zum LVP, die Gummibäre zum Naßmüll. Batterie in de Kartoffelschale. Im Schadstoffbehälter d'BNN vom Mittwoch un hier, verrissene Perlonstrümpf.

Dei Erzählung isch arg spannend, Volker, aber komm uff de Punkt!

Kurzum, ich merk, des hat alles kain Wert. Muß alles raus un sortiert were. Ich krempel d'Ärmel hoch. Wühl mich mit bloße Händ durch Filtertüte, faule Tomate, hier, Wattestäble, en abgebrochene Kamm mit Haarbüschel drin, do. Bei de Fischabfäll vom Mittwoch hätt ich's beinah uffgebe.

Wenn'd des nur g'macht hätt'sch! So eine Schweinerei in de Küch!

Schweinerei, ja, des kann mer sage. Paß uff, ich will grad alles widder z'rückstopfe, weil's mich g'ekelt hat, do seh ich ganz unne uff'm Bode was glänze. Grün un gold. En Flaschehals guckt aus'me verknüllte Papier. Des hat mich doch int'ressiert. Ich schaff mich durch Kartoffelsalat un vermatschte Mohreköpf durch. In tiefere Müllschichte.

Pfui Deufel! Hör uff!

Un was zieh ich raus? Do steht des Fläschle. Kain Sekt. Champagner. Veuve Cliquot sogar. Nobel. Sag, habe mir die Flasch z'amme getrunke?

Jetzt isch g'nug, Volker! Du, die hab ich mir gegönnt! Soll ich's mir net e bißle gut geh lasse, wo du dauernd fort bi'sch? Soll ich den billige Fabersekt trinke? Soweit kommt's noch, daß ich Rechenschaft …

Um Gottes Wille! Ich gönn dir den Schampus. Nur, warum liegt die Flasch so weit unne? Als neuerer Abfall müßt se logischerweis oberhalb von dene Fischkadaver liege. Wie in de Archäologie. Die ältere Schichte …

Jessesgott, ja! Ich hab se versteckelt! Weil ich des Flaschedurchenanner in de Küch net leide kann. Ganze Batterie, nach Grün- Braun- un Weißglas getrennt. Am Samstag kann'sch se mit dem annere Glas zum Container fahre. Ich war aifach zu bequem. So. Dürft ich mich jetzt zurückziehe, Herr Entsorgungswart?

Halt! Ich bin noch net fertig. Sieh'sch des verknitterte Druckerzeugnis? Les mol d'Überschrift. Komm, hier.

Amtliche Müllverordnung.

Ja. Des isch'n dicker Hund! Im Naßmüll!

Gib her. Ich streich's glatt. Leg's zum Altpapier.

Finger weg!

Was isch'n des für'n Ton?

Genau de passende Ton isch des! In'me normale Haushalt hängt des Papier als Orientierungshilfe an de Pinnwand hinner de Küchetür. Aber in unser'm Saulade, in dem – en Puff isch des!

Volker! Ich bitt dich um alles in de Welt! Denk an dei Herz! Du ha'sch jo ganz weiße Lippe! Komm, ich …

Schon gut! – Laß! Weiter im Text. Ich will des Papier grad

zum Zeitungsstapel lege. Do merk ich: S'isch was drin. Des isch e Päckle. Un schon fallt mir de Inhalt vor d'Füß. Asch, Zigarettekippe. Sieh'sch? Beim Kühlschrank die Sauerei?

Wart, ich hol de Staubsauger. Bevor mer alles in de Wohnung rumschleppe.

Bleib! Angelika, seit mei'm Infarkt vor drei Johr hab ich kai Zigarett meh a'grührt. Du ha'sch nie g'raucht. Jedenfalls net, seit mir uns kenne. Zwanzig Johr. Ha'sch jetzt haimlich ...?

Quatsch! Der Gonzo raucht. S'gfallt mer net. Aber der Kerl isch achtzehn. Un ich bin net sei Mutter. De Sarah hab ich klar g'sagt, daß ich des net will, daß sie ...

Was? Achtzehn? Un in de Parallelklass? En mehrfacher Repetent?

En was bitte?

En Hockebleiber! Netter Umgang! Von dem kann unser Sarah was lerne. Bloß was?

Ach Volker, die große Liebe wechselt schnell in dem Alter. Heutzudag sowieso. Vor e paar Monat war's noch der ... siehsch, ich hab de Name schon vergesse. Des derf mer nimme so eng seh.

So? Derf mer net? Halt'sch du mich für engstirnig?

Ach was! Volker komm, laß uns ...

Angelika, bitte! Jetzt net! Mir isch's net nach Zärtlichkaite un Geturtel!

Oh Verzeihung! Darf ich mich dann endlich entferne? Noch Einwände, Euer Ehren?

Ja! Entschaidende. Des Joghurtbecherle. Hier. Vanillg'schmack. Mit linksdrehender Säure. G'sund.

Des eßt de Jonas gern zum Frühstück. Kann ich dutzendweis kaufe für den.

De Jonas, so? Guck mol, so hab ich des g'funne. Ei'gwikkelt in des amtliche Müllverordnungsblättle. Der Stannioldeckel war zugeklappt un sorgfältig über de Rand ge-

136

drückt. Wie frisch von de Molkerei. Gell? – Du sag'sch garnix? Nick'sch nur.

Was soll i denn sage? Ich komm jo net zu Wort.

Nachher. Also, wie grad gekauft. Nur zu leicht. Un so ordentlich zu. Ich hab mir nix debei gedacht. Wollt nur gukke, ob's für de LVP-Müll inne g'spült un trocke isch, des Becherle, des haimtückische! So. Un dann hat mich beinah de Schlag getroffe. Wart. E Gabel. Mit de Hand will ich des net grad ... so ... da!

Was isch'n ... igitt! Pfui Deufel, nemm's weg! Des isch jo en Prä... en Ko...

Sag's ruhig. En Kondom! Un was für ainer!

Benutzt?

Ach Gott, jedenfalls g'hört er klar zum Naßmüll. Aber vielleicht habe die Betreffende bloß Wasser nei'gfüllt un Blödsinn g'macht. Des habe mir früher als Bube a g'macht.

Welche Betreffende? Volker! Glaub'sch du, daß ich ...?

Frog mi net! Mein Name ist Hase. Ich war in Hannover.

Ob der Gonzo des Ding ...? Jesses, ich derf net dra denke! Nai, des kann ich mir net vorstelle! Volker, halt mi fescht. Mir isch schwindlig. Ich glaub, ich wer ohnmächtig!

Jetzt net! Die knöpf ich mir vor! Un den Kerl pack ich am G'nick! Hochkant schmeiß ich den raus, den Hockebleiber, den dreckspatzige!

Um Gott's Wille, Volker, bitte halt di z'rück! Sag nix! Laß mich des mache. Unner vier Auge. Des isch Frauesach.

Was isch des? Frauesach? Guck doch des Ding mol a! Kollektion Beate Uhse.

Pack's bitte weg! Mir wird's schlecht. Wenn d'Sarah rei'kommt!

Ein Einsteigermodell isch des net grad. Oder?

Volker, bitte! Laß es net vor meiner Nas rumbaumle.

Des isch was für Fortg'schrittene. Zur Verhütung däd's e schlichtere Ausführung, main'sch net?

Ich bin genau so g'schockt wie du, Volker. Aber …

Was aber?

Ainerseits muß mer froh sei, daß se was nemme, wenn se scho was mache. Es isch a wege dem Aids. Ich hab d'Sarah früh uffgeklärt.

Sehr gründlich anscheinend. Weit über's Biologische raus. Des isch kai Mittel gege was, sondern e Vorrichtung zu was!

Hör uff, Volker. Pack's weg! Un versprech mir, daß du dich raushalt'sch. In so'me Fall muß mer behutsam vorgeh. Du fall'sch mit de Tür ins Haus.

Behutsam? Wenn ich des Ding seh, isch doch alles g'schwätzt. Do kann mer ruhig mit de Tür ins Haus falle.

Ich fleh dich a, Volker, steck's endlich weg! In den Becher! Jeden Moment kann d'Sarah rei'komme. Die muß des net u'bedingt seh!

Aha! Was isch denn, Geli? Du bisch plötzlich so blaß.

Lieblingsmensch

Du bi'sch mit Abstand
mein Lieblingsmensch
wenn ich dich net hätt
däd mir e Herzklapp
en Lungeflügel fehle
ich müßt mich
als halbierter Mensch
durchs Lebe quäle
ach du
mein Lieblingsmensch
den ich uff de ganze Welt
von alle Leut
am allerärgschte mag
ich könnt ohne dich
net lebe
ich brauch dich so

nur halt
net jeden Dag

Schlof'sch scho?

Heh! Heh, Helga!

Hä? Was?

Schlof'sch du scho?

Ja.

Also net! Du schlof'sch net.

Doch. Wieso net?

Weil'd grad ja g'sagt ha'sch.

Laß mi. I bin müd. Morge.

Nix morge. Die Frage, ob du schlof'sch, ha'sch du mit ja beantwortet. Folglich kann'sch net g'schlofe habe.

Was hätt i denn mache solle?

Nix. Nix hätt'sch mache solle. Brumme hätt'sch könne. Wirres Zeug rede. Von mir aus um dich schlage. Alles. Nur net ja sage. Des geht net.

Warum denn net?

Weil en Mensch, der schloft, net waiß, daß er schloft un über sein Zustand kai Auskunft gebe kann. Wenn ich jemand frog, ob er schloft, kann der nur mit nein antworte. Aber dann isch er wach.

Dann isch doch die Frog scho blödsinnig. Was frog'sch denn dann?

Wie hätt i denn rauskriege solle, ob du schlof'sch oder net?

Hätt'sch mi halt g'stupft. Oder an de Schulter g'rüttelt.

Ja un dann? Dann hätt ich dich uffg'weckt, falls du wirklich g'schlofe hätt'sch. Des wollt i net.

Franz-Jörg, bitte! Des isch doch jetzt egal. Ob ich ja oder nein g'sagt hab.

Ganz so isch's net, Helga. Nein isch e klare, ehrliche

Aussag. Des bedeutet: Jawoll, ich bin wach und aufnahme-bereit. Wer ja sagt, hat glattweg g'schwindelt. Wie du ebe. Aber erfolglos. Ja haißt im Klartext nein.

Lieber Gott, dann hab i halt g'schwindelt. Hör zu, du ha'sch mich uffg'weckt, ich hab dir zug'hört. Jetzt laß mi weiterschlofe. Ich bin müd. Gut Nacht.

Helga, du hasch's net kapiert. Ich kann dich net uff-g'weckt habe. Deshalb kann'sch a net weiterschlofe wolle.

Oh, Franz-Jörg, des isch …

Ja, ich waiß, Helga, des isch kai Wunder, daß mir zwai nach so'me hektische Dag net in de Schlof komme.

Wieso? Du net. Ich scho. In're Minut wär ich weg, wenn du net …

Ja, wenn ich net g'merkt hätt, daß du nur so mach'sch, als däd'sch schlofe. Sich verstelle. Aus purer Bequemlichkait! Do liege zwai Köpf dreißig Zentimeter vonenanner weg schon zwanzig Johr lang uff'm gleiche Kisse. Un jeder denkt einsam in sich rum. Isoliert, verkapselt, getrennt durch zwai Schädeldecke. Schöne Zweisamkait!

Franz-Jörg, hör uff!

Un jeder Kopf ahnt, daß de annere denkt. Nur net was. Un er will's a garnet wisse. Er will sei Ruh. S'isch doch egal, was den annere umtreibt.

Herrgott, soll ich wach bleibe, daß du ei'schlofe kann'sch?

Des hat niemand verlangt. Hätt'sch du vorhin zu'gebe, daß du wach war'sch, könnte mer uns die ganz Diskussion spare. Un inzwische wär'sch vermutlich scho richtig ei'gschlofe.

Komm, vergeß es! – Wieso kann'sch denn du net schlofe? S'isch doch schon halb drei.

Ich waiß. Des brauch'sch mir net noch sage. Sehr fein-fühlig. Des isch genau des, was mi so nervös macht. Die Zeit zum Schlofe wird immer knapper. Aber s'geht net. Un mor-ge, wenn i schaffe muß, geht's. Dann fallt mer womöglich de Kopf uff d'Schreibmaschin.

Nemm doch e Tablett.

Typisch! De moderne Mensch nemmt halt e Tablett. Fertig ab! Danke für den Ratschlag!

Ach Franz-Jörg!

Nemm e Tablett! Psychopharmaka. Paar Nebewirkunge. Na und? Hauptsach, des Zeug haut ins vegetative Nervesyschtem, un du ha'sch schnell dei Ruh. Also, so sorg'sch du dich um mei G'sundhait.

Probier's mit Baldrian. In de Arzneischublad steht e Fläschle. Zehn oder zwanzig Tropfe uff'n Zuckerwürfel. Des isch e altes Naturheilmittel. Des gibt mer sogar de Kinner.

Ich bin aber kai Kind meh. Ich hab annere Probleme. Des helft bei mir net. Do kann ich e Flasch austrinke. Geh mir fort mit dem Natur- un Kräuterwunderkram. Des homöopathische Zeug isch vielleicht g'sund, wenn mer nix hat. Oder bevor mer was kriegt. Baldrian – des wirkt bei de Katze. Aber net beruhigend.

Versuch's mit autogenem Training. Wozu hasch denn den Kurs g'macht? Damals, in de Volkshochschul. Es hat doch g'holfe.

Damals hat's g'holfe, ja. Inzwische funktioniert's nur noch, wenn i sowieso scho entspannt bin. Aber dann brauch ich's net. Im Moment däd's mich eher uffrege, des autogene Training. Muß mer denn immer abschalte wolle?

Des versteh ich net. Du wollt'sch doch gern schlofe un kann'sch net, oder?

Schon. Aber s'rennt mer soviel Wichtiges durch de Kopf.

Was denn? Sag's halt in Gott's Name.

Du, Helga, ich hab endlich die Idee zu mei'm große Roman! Soll ich dir kurz skizziere, wie ich mir die Handlung vorstell?

Jetzt net! Morge. Oder am Wocheend. Steh lieber uff un mach e paar Notize. Stichwortartig. Drauße im Wohnzimmer. Wenn's sei muß, mach's!

Ja. Im Wohnzimmer. Stichwörter. Wenn des so leicht ging! Du ha'sch vielleicht e Vorstellung vom Romanschreibe! Des isch wie e Geburt!

Woher will'sch du wisse, wie e Geburt isch? Hör zu, mach s'Lämple a. Les noch e bißl, bis'd müd wir'sch. S'stört mi net. Ich dreh mi rum.

Ich hab momentan kai g'scheite Bettlektüre zum Ei'schlofe.

Menschenskind, dann les halt in ai'm von deine aigene Bücher! Des helft!

Oh Helga! – Des war gemain, was'd ebe g'sagt ha'sch. Des war unner de Gürtellinie. Des verletzt mich.

Verzeihung, Franz-Jörg. Des wollt i net. Du wai'sch, daß ich dei Schriftstellerei schätz. Mir isch klar, daß Dichte e schwer's G'schäft isch. Ich seh doch, wie du mit de Wörter ring'sch. Sogar nachts. Alles recht un gut. Aber schließlich muß ich a schaffe! Für mich isch morge, des haißt heut, in kaum vier Stunde d'Nacht rum. Punkt acht steh ich im G'schäft. Do hab ich aber schon Weck ei'gekauft, Frühstück g'macht un d'Wäsch in d'Maschin g'schmisse. Do dreh'sch du dich im Bett nochmol g'mütlich uff de Bauch. Vielleicht mit'me schlechte G'wisse, aber mit dem komm'sch jo prima zurecht. Seit Monate hängt de ganze Haushalt an mir. Geht alles so nebebei. Hör'sch noch zu? Heh! Heh, Franz-Jörg!

Weitere Bücher von Harald Hurst im G. Braun Buchverlag

Vergeß den Vogel
Geschichten und Gedichte
2. Auflage, 136 Seiten, geb., ISBN 3-7650-8196-5,
DM 26,–

Daß i net lach!
Geschichten und Gedichte
4. Auflage, 116 Seiten, geb., ISBN 3-7650-8124-8,
DM 26,–

Das Zwiebelherz
Liebesgeschichten
6. Auflage, 124 Seiten, geb., ISBN 3-7650-8222-8,
DM 26,–

De Polizeispielkaschte
Mundartgeschichten
7. Auflage, 108 Seiten, geb., ISBN 3-7650-8074-8,
DM 26,–

Ich bin so frei
Gedichte und Prosa
4. Auflage, 80 Seiten, geb., ISBN 3-7650-8193-0,
DM 26,–

Und die CD:
Der mit de Wurscht
2. Auflage, ISBN 3-7650-8184-1,
DM 29,80